Recherchen im Reich der Sinne

Recherchen im Reich der Sinne

Die zwölf Gespräche der Surrealisten über Sexualität 1928–1932

Herausgegeben von José Pierre

Aus dem Französischen von Martina Dervis

Verlag C.H. Beck München

Die Übersetzung des Nachwortes aus dem Englischen
besorgte Brigitte Stein

Titel der französischen Originalausgabe:
Recherches sur la sexualité. Janvier 1928 – août 1932
Presenté et annoté par José Pierre

Nachwort von Dawn Ades:

Die Deutsche Bibliothek - CIP-Einheitsaufnahme
Recherchen im Reich der Sinne: die zwölf Gespräche der Surrealisten über Sexualität 1928 – 1932 / hrsg. von José Pierre.
Aus dem Franz. von Martina Dervis.
9.-12. Tausend – München: Beck, 1994 Einheitssacht.:
Recherches sur la sexualité <dt.>
ISBN 3 406 37608 8
NE: Pierre, José [Hrsg.]; EST

ISBN 3 406 37608 8

9.-12. Tausend. 1994
Für die deutsche Ausgabe:

Satz: Fotosatz Otto Gutfreund GmbH, Darmstadt
Druck und Bindung: Franz Spiegel Buch GmbH, Ulm-Jungingen
Gedruckt auf säurefreiem, aus chlorfrei gebleichtem Zellstoff
hergestelltem Papier
Printed in Germany

Inhalt

Erstes Gespräch[1]

27. Januar 1928

André Breton, Max Morise, Pierre Naville, Benjamin Péret, Jacques Prévert, Raymond Queneau, Yves Tanguy, Pierre Unik.

ANDRÉ BRETON: Ein Mann und eine Frau schlafen miteinander. Inwieweit kann der Mann den Orgasmus der Frau erkennen? Tanguy?

YVES TANGUY: [2]Nur in sehr geringem Maße.

ANDRÉ BRETON: Haben Sie ein objektives Verfahren dazu?

YVES TANGUY: Ja.

Wir erfahren nicht, welches.

ANDRÉ BRETON: Wie denkt Queneau darüber?

RAYMOND QUENEAU: Es gibt keins.

ANDRÉ BRETON: Prévert?

JACQUES PRÉVERT: Das kommt auf die Frau an.

ANDRÉ BRETON: Haben Sie ein objektives Verfahren?

JACQUES PRÉVERT: Ja, ja, ja, ja.

ANDRÉ BRETON: Welches?

JACQUES PRÉVERT: *(keine Antwort)*

ANDRÉ BRETON: Péret?

BENJAMIN PÉRET: Ich habe keins. Und Breton?

ANDRÉ BRETON: Es gibt nur subjektive Verfahrensweisen, auf die man sich insoweit verlassen kann, als man Vertrauen zu der entsprechenden Frau hat.

BENJAMIN PÉRET: Ich schließe mich Bretons Meinung an.

RAYMOND QUENEAU: Inwieweit vertraut Breton einer Frau?

ANDRÉ BRETON: In dem Maße, wie ich sie liebe. Naville, inwieweit usw.?

PIERRE NAVILLE: Das kommt auf die Frau an.

ANDRÉ BRETON: Können Sie gegebenenfalls diesen Orgasmus feststellen?

PIERRE NAVILLE: Ja, sicher.

ANDRÉ BRETON: Wie?

PIERRE NAVILLE: Anhand verschiedener Illusionen geistiger Art.

MAX MORISE: Wenn Sie diese als solche erkannt haben, dann sind es keine objektiven Hinweise.

PIERRE NAVILLE: Ich glaube nicht an objektive Hinweise.

ANDRÉ BRETON: Ein Mann und eine Frau schlafen miteinander. Inwieweit kann die Frau den Orgasmus des Mannes erkennen? Morise?

MAX MORISE: Darüber weiß ich überhaupt nichts.

ANDRÉ BRETON: Wie kommt das?

MAX MORISE: Weil ich keinerlei Mittel habe, das herauszufinden.

PIERRE NAVILLE: Was für Mittel könnte man denn Ihrer Meinung nach in einem solchen Fall haben?

MAX MORISE: Allein die Aussage der Frau.

ANDRÉ BRETON: Ist Unik auch dieser Meinung?

PIERRE UNIK: In bestimmten Fällen nicht. Ich glaube schon, daß die Frau es merken kann.

BENJAMIN PÉRET: Wann?

PIERRE UNIK: Wenn die Frau eine Veränderung im Benehmen des Mannes bemerkt.

ANDRÉ BRETON: Das ist rein subjektiv und wertlos. Ist es nicht etwas anderes?

PIERRE UNIK: Warum denken Sie, daß das wertlos ist, nur weil es subjektiv ist?

ANDRÉ BRETON: Weil diese Antwort durch eine objektive ersetzt werden kann.

PIERRE UNIK: Welche?

ANDRÉ BRETON: Die Frau kann in den meisten Fällen feststellen, daß der Mann einen Orgasmus hatte. Das hängt von ihr ab. Es ist eine Frage einer mehr oder weniger aufschlußreichen Untersuchung des lokalen Zustandes, in dem sie sich hinterher befindet.

BENJAMIN PÉRET: Es gibt eben genau nur dieses eine Verfahren.

PIERRE UNIK: Warum glauben Sie, daß die Frau nur durch diese Untersuchung sichergehen kann?

ANDRÉ BRETON: Weil sie das einzige rationale Mittel ist, das ihr zur Verfügung steht.

RAYMOND QUENEAU: Ich stimme mit Breton überein. Sie kann das nur auf diese Weise beurteilen.

BENJAMIN PÉRET: Tanguy?

YVES TANGUY: Einverstanden.

ANDRÉ BRETON: Prévert?

JACQUES PRÉVERT: Einverstanden.

ANDRÉ BRETON: Naville?

PIERRE NAVILLE: Die Frau kann es überhaupt nur auf diese Weise feststellen, aber sie kann es nicht einmal immer.

ANDRÉ BRETON: Warum nicht immer?

PIERRE NAVILLE: Manchmal hindern sie aufgrund ihres eigenen Orgasmus physiologische Umstände daran.

ANDRÉ BRETON: Ist das der einzige Fall?

PIERRE NAVILLE: Ich sehe im Augenblick keinen anderen.

RAYMOND QUENEAU: Erklären Sie die Formulierung «aufgrund ihres eigenen Orgasmus».

PIERRE NAVILLE: Die versteht sich von selbst.

ANDRÉ BRETON: [3]Naville ist also der Auffassung, daß der Orgasmus der Frau und der des Mannes, sofern sie gleichzeitig stattfinden, sich im Ausstoß von miteinander vermischten und nicht zu unterscheidenden Samenflüssigkeiten materialisieren könnten.

PIERRE NAVILLE: Ja.

BENJAMIN PÉRET: Hast du eine solche Vermischung selbst festgestellt?

PIERRE NAVILLE: Natürlich, sonst würde ich nicht davon reden.

ANDRÉ BRETON: Es ist unmöglich, das festzustellen, es sei denn, man würde mit der Frau in einen sehr fragwürdigen Wortwechsel treten.

PIERRE NAVILLE: Ja und?

BENJAMIN PÉRET: Queneau, wie stellen Sie sich Liebe zwischen Frauen vor?

ANDRÉ BRETON: Körperliche?

BENJAMIN PÉRET: Natürlich.

RAYMOND QUENEAU: Ich stelle mir vor, daß die eine Frau die Rolle des Mannes spielt und die andere die der Frau, oder 69.

BENJAMIN PÉRET: Hast du zu diesem Thema Informationen aus erster Hand?

RAYMOND QUENEAU: Nein. Was ich darüber sage, habe ich aus Büchern oder ich stelle es mir so vor. Ich habe niemals eine Lesbierin interviewt.

BENJAMIN PÉRET: Was denkst du über Homosexualität?

RAYMOND QUENEAU: In welcher Hinsicht? In moralischer?

BENJAMIN PÉRET: Ja, meinetwegen.

RAYMOND QUENEAU: Wenn zwei Männer sich lieben, habe ich gegen ihre körperlichen Beziehungen keinerlei moralische Einwände.

Protest von Breton, Péret und Unik[4]

PIERRE UNIK: In physischer Hinsicht ekelt mich Homosexualität genauso an wie Exkremente, und in moralischer Hinsicht verurteile ich sie.

JACQUES PRÉVERT: Ich bin gleicher Meinung wie Queneau.

RAYMOND QUENEAU: Ich stelle fest, daß es bei den Surrealisten ein merkwürdiges Vorurteil gegen Homosexualität gibt.

ANDRÉ BRETON: Ich klage die Homosexuellen an, der menschlichen Toleranz ein geistiges und moralisches Defizit zuzumuten, das dazu neigt, sich zum System aufzuwerfen und alle Bestrebungen, die ich respektiere, zu lähmen.[5] Ich mache Ausnahmen, eine besondere bei de Sade und eine, die eher mich selbst überrascht, bei [6]Lorrain.[7]

PIERRE NAVILLE: Wie rechtfertigen Sie diese Ausnahmen?

ANDRÉ BRETON: Für einen Menschen wie den Marquis de Sade, für den Sittenfreiheit eine Frage von Leben und Tod war, ist per definitionem alles erlaubt. Was Jean Lorrain angeht, so bin ich beeindruckt von der außerordentlichen Kühnheit, die er erwiesen hat, als es darum ging, das zu verteidigen, was für ihn eine wahrhaftige Überzeugung war.

MAX MORISE: Warum nicht die Pfarrer?

ANDRÉ BRETON: Pfarrer sind genau die Menschen, die am meisten gegen die Durchsetzung dieser Sittenfreiheit haben.

BENJAMIN PÉRET: Was denkt Tanguy über Homosexualität?

YVES TANGUY: Ich habe nichts gegen sie, aber sie interessiert mich auch nicht.

BENJAMIN PÉRET: Was für eine Vorstellung hast du von zwei Männern, die miteinander schlafen, und was empfindest du dabei?

YVES TANGUY: Ich stelle sie mir auf alle möglichen Weisen vor. Gefühl von Gleichgültigkeit.

PIERRE NAVILLE: Prévert, was denken Sie über Onanie?

JACQUES PRÉVERT: Gar nichts mehr. Ich habe früher viel daran gedacht,[8] als ich mich ihr noch hingab.

PIERRE NAVILLE: Es gibt also ein Alter, in dem es sich nicht mehr schickt, sich ihr hinzugeben?

JACQUES PRÉVERT: Ein bestimmtes Alter gibt es dafür nicht. Es sind immer Einzelfälle. Aber an sich ist es ziemlich traurig.

PIERRE NAVILLE: Ist es immer Ausdruck eines Mangels?

JACQUES PRÉVERT: Für mich ja, immer.

YVES TANGUY: Ich bin genau gegenteiliger Meinung.

PIERRE NAVILLE: Ist Onanie immer mit Vorstellungen von Frauen verbunden?

JACQUES PRÉVERT: Fast immer.

PIERRE NAVILLE: Was hält Breton von diesen Ansichten?

ANDRÉ BRETON: Ich teile sie nicht. Onanie ist, soweit sie akzeptierbar ist, immer mit Vorstellungen von Frauen verbunden. Sie hat nichts mit dem Alter zu tun und hat nichts Trauriges an sich, sie ist eine legitime Kompensation für bestimmte traurige Seiten des Lebens.

PIERRE UNIK: Ich teile diese Ansicht voll und ganz. Aber selbstverständlich kann Onanie immer nur eine Kompensation sein.[9]

RAYMOND QUENEAU: Ich sehe Onanie weder als Kompensation noch als Trost. Onanie ist auch für sich genommen legitim, und das ebenso wie Homosexualität.

ANDRÉ BRETON, PIERRE UNIK, BENJAMIN PÉRET: Hat doch überhaupt nichts miteinander zu tun![10]

BENJAMIN PÉRET: Onanie ohne Bilder von Frauen kann es nicht geben.

YVES TANGUY: Und Tiere?

ANDRÉ BRETON: Das soll wohl ein Witz sein!

PIERRE UNIK: Ich bin mit Péret einer Meinung, was die Bilder von Frauen angeht, aber erst ab der Pubertät.

ANDRÉ BRETON: Was mich betrifft, davor und danach.

PIERRE NAVILLE: Hat Péret als solche zu erkennende Orgasmen durch Sukkuben[11] gehabt?

BENJAMIN PÉRET: Ja.

PIERRE NAVILLE: Wie beurteilen Sie diese Orgasmen verglichen mit denen, die man in der Realität bekommen kann?

BENJAMIN PÉRET: Sie sind viel besser.

PIERRE NAVILLE: Warum?

BENJAMIN PÉRET: Das ist schwer zu erklären. Ich stelle das fest, ohne es zu erklären. Mir ist das erst zwei- oder dreimal passiert.

PIERRE NAVILLE: Was für einen Unterschied sehen Sie zwischen den Bildern von Frauen beim Sukkubus und[12] bei der Onanie?

BENJAMIN PÉRET: Denselben Unterschied wie zwischen Traum und Tagtraum.

ANDRÉ BRETON: Diese Antwort ist denkbar ungenau. Der Unterschied ist doch der, daß man beim Onanieren wählt, ja sogar sehr wählerisch ist, während man beim Sukkubus keine Wahl hat.

BENJAMIN PÉRET: Das stimmt.

PIERRE NAVILLE: Bei der Onanie handelt es sich immer um eine Frau, die man kennt, beim Sukkubus um eine Frau, die man nicht kennt.

YVES TANGUY: Ist das auch die Meinung von Morise zur Onanie?

MAX MORISE: Es kann sich auch um eine imaginäre Frau handeln.

Protest von Naville, Breton, Péret, Zustimmung von Tanguy, Queneau, Prévert

PIERRE NAVILLE: Wie definierst du eine imaginäre Frau?

MAX MORISE: Das ist eine Frau, die keiner Frau ähnelt, die man kennt, sondern sich sozusagen aus verschiedenen Erinnerungen zusammensetzt.

ANDRÉ BRETON: Das ist aber doch einfach nur ein Ersetzen von realen Personen.

BENJAMIN PÉRET: Ich glaube, es ist unmöglich, sich eine Frau vorzustellen, die *Ihnen* eine erotische Regung verschaffen kann.

PIERRE NAVILLE: Was denkt Queneau über die vorgebrachten Meinungen: über den Sukkubus?

RAYMOND QUENEAU: Ich bin einer Meinung mit Péret.

JACQUES PRÉVERT: Was halten Sie von der Masturbation und von gegenseitiger Fellatio zweier Männer (kein Analverkehr)?[13] Sind das Homosexuelle?

ANDRÉ BRETON: Ja. Homosexualität ist für mich mit der Vorstellung von Analverkehr verbunden. In diesem Fall ist das ein embryonaler Fall von Homosexualität. Glaubt Naville, daß man während leidenschaftlicher Liebe einem Sukkubus zum Opfer fallen kann?

PIERRE NAVILLE: Ich glaube, daß Perversität solche Auswirkungen haben kann.

RAYMOND QUENEAU: Man kann davon träumen, eine Frau zu besitzen, die man liebt. Was denken Sie darüber?

ANDRÉ BRETON: Das hat mit Sukkubat nicht im entferntesten zu tun, sondern ist der sehr akzeptable Ausdruck eines Begehrens.

BENJAMIN PÉRET: Was hält Prévert vom Sukkubat?

JACQUES PRÉVERT: Ich habe immer nur von Frauen geträumt, die ich liebte.

PIERRE UNIK: Was denkt Péret über weibliche Onanie?

BENJAMIN PÉRET: Ich akzeptiere sie genauso wie männliche.

PIERRE UNIK: Ist das alles?

BENJAMIN PÉRET: Ja.

PIERRE UNIK: Und Breton?

ANDRÉ BRETON: Ich finde sie sehr gut. Ich bin sehr dafür.

JACQUES PRÉVERT: Ganz meine Meinung.

PIERRE UNIK: Naville?

PIERRE NAVILLE: Ich auch, wobei Frauen eindeutig häufiger dazu neigen als Männer.

BENJAMIN PÉRET: Hast du auf diesem Gebiet Beobachtungen gemacht?

PIERRE NAVILLE: Nein.

BENJAMIN PÉRET: Wie kannst du dann behaupten, daß Frauen häufiger dazu neigen?

ANDRÉ BRETON: Sehr berechtigte Frage.

PIERRE NAVILLE: Ich mache einen Unterschied zwischen Feststellungen und Beobachtungen.

ANDRÉ BRETON: Kasuist.

Zustimmung von Péret und Unik

BENJAMIN PÉRET: Ich frage also, ob du Feststellungen gemacht hast?

PIERRE NAVILLE: Kaum.

BENJAMIN PÉRET: Wie kannst du also darüber urteilen?

PIERRE NAVILLE: Kaum.

JACQUES PRÉVERT: Was denkt Breton über Analverkehr zwischen Mann und Frau?

ANDRÉ BRETON: Das allerbeste.

JACQUES PRÉVERT: Sie haben sich ihm schon hingegeben?

ANDRÉ BRETON: Natürlich.[14]

RAYMOND QUENEAU: Was denkt Breton über körperliches Versagen, wenn er mit einer Frau schläft?

ANDRÉ BRETON: Das ist nur bei einer Frau möglich, die ich liebe.

Zustimmung von Péret und Naville

PIERRE UNIK: Ich glaube, daß das bei jeder beliebigen Frau möglich ist.

RAYMOND QUENEAU: Lieben Sie immer auf dieselbe Art? Wenn nicht, tun Sie es dann, um Ihre Lust oder die der Frau zu vergrößern?

ANDRÉ BRETON: Zum Glück nicht, das wäre mir zu langweilig. Was die Frau angeht, so kann sie die Initiative ergreifen, so oft zu wechseln, wie sie möchte.

RAYMOND QUENEAU: Péret?

BENJAMIN PÉRET: Ich richte mich immer nach den Wünschen der Frau, ich frage sie immer nach ihren Wünschen.

ANDRÉ BRETON: Queneau?

RAYMOND QUENEAU: Ich stimme Péret zu.

ANDRÉ BRETON: Prévert?

JACQUES PRÉVERT: Ich bin einer Meinung mit Breton.

ANDRÉ BRETON: Morise?

MAX MORISE: Das liegt im Interesse beider.

BENJAMIN PÉRET: Unik?

PIERRE UNIK: Genau wie Péret frage ich die Frau immer nach ihren Wünschen.

ANDRÉ BRETON: Ich finde das ungeheuerlich, phänomenal. Sie machen sich das Leben ganz schön schwer!

BENJAMIN PÉRET: Tanguy?

YVES TANGUY: Wie Morise.

PIERRE UNIK: Warum findet Breton es so ungeheuerlich, die Frau nach ihren Wünschen zu fragen?[15]

ANDRÉ BRETON: [16]Weil es unangebracht ist.

PIERRE UNIK: Das Gegenteil kann unangebracht sein.

ANDRÉ BRETON: Das ist mir egal. Queneau, welche Positionen erregen Sie am meisten, in der Reihenfolge Ihrer Vorliebe?

RAYMOND QUENEAU: Nun ja, Analverkehr, die sogenannte «Windhundposition», 69. Die anderen ohne Vorliebe. Ich gebe die Frage an Breton weiter.

ANDRÉ BRETON: Die Frau, die aufrecht auf dem liegenden Mann sitzt, 69, Analverkehr.

PIERRE NAVILLE: Was für eine Rolle spielen für Sie Worte während des Liebesaktes?

ANDRÉ BRETON: Eine immer größere, je verdorbener ich werde.

RAYMOND QUENEAU: Was verstehen Sie unter Verdorbenheit?

ANDRÉ BRETON: [17]Ich zitiere dazu aus dem Gedächtnis Théodore Jouffroy: «Mit zwanzig liebte ich die Blonden, mit dreißig ziehe ich die Brünetten vor: ich bin also verdorben geworden.»

RAYMOND QUENEAU: Wie sieht es mit der Reihenfolge der Vorlieben bei Naville aus?

PIERRE NAVILLE: Ich habe keine.

RAYMOND QUENEAU: Péret?

BENJAMIN PÉRET: Die sogenannte «faule Position», die Frau aufrecht auf dem liegenden Mann sitzend, das Gesicht ihm zugewandt, Analverkehr, 69.[18]

RAYMOND QUENEAU: Tanguy?

YVES TANGUY: Ich habe keine.

BENJAMIN PÉRET: Morise?

MAX MORISE: Unterschiedlich je nach Gelegenheit, nach einem System, das mir unbekannt ist.

ANDRÉ BRETON: Was hält Prévert davon, wenn der Mann und die Frau gleichzeitig voreinander masturbieren?

JACQUES PRÉVERT: Ich finde das sehr gut.

PIERRE NAVILLE: Was hältst du von gegenseitiger Masturbation?

JACQUES PRÉVERT: Das ist noch besser.

ANDRÉ BRETON: Sind alle dieser Meinung?

YVES TANGUY: Nein, ich bevorzuge das erstere.

BENJAMIN PÉRET: Ich auch.

ANDRÉ BRETON: Ebenfalls.

MAX MORISE: Egal.

BENJAMIN PÉRET: Was denkt Tanguy über Exhibitionismus beim Mann?

YVES TANGUY: Uninteressant.

RAYMOND QUENEAU: Damit habe ich mich noch nie beschäftigt.

PIERRE UNIK: Ich finde das ausgesprochen negativ.

JACQUES PRÉVERT: Das läßt mich kalt.

MAX MORISE: Genau. Das hat nur eine soziale Bedeutung.

ANDRÉ BRETON: Eine pathologische.

BENJAMIN PÉRET: Was denkt Queneau über Exhibitionismus bei der Frau?

RAYMOND QUENEAU: Der interessiert mich mehr als beim Mann, weil er mich erregt.

JACQUES PRÉVERT: Naville?

PIERRE NAVILLE: Er kann hin und wieder wünschenswert sein.
BENJAMIN PÉRET: Was willst du damit sagen?
PIERRE NAVILLE: Perversität, Erregung, was weiß ich?
JACQUES PRÉVERT: Er ist nicht nur wünschenswert, sondern völlig unerläßlich (Frauen in die Parks!).[19]
PIERRE UNIK: Ich denke das Allerschlechteste über Exhibitionismus.
BENJAMIN PÉRET: Warum?
PIERRE UNIK: Er steht für mich im Widerspruch zu der Vorstellung, die ich von der Liebe habe.
MAX MORISE: Mir ist das noch nie begegnet. Kommt von Hysterie oder so.
BENJAMIN PÉRET: Findest du, daß man es verurteilen muß?
MAX MORISE: Ganz einfacher Exhibitionismus würde mich gar nicht interessieren, aber ich denke, es steckt immer noch ein anderes Motiv dahinter.
BENJAMIN PÉRET: Tanguy?
YVES TANGUY: Sehr wünschenswert.
ANDRÉ BRETON: Ich bin dagegen, aber gegen einen halben Exhibitionismus habe ich nichts.
RAYMOND QUENEAU: Hat Péret Neigungen zum Fetischismus?
BENJAMIN PÉRET: Nein, nicht sonderlich.[20]
RAYMOND QUENEAU: Breton?
ANDRÉ BRETON: Ich habe allgemein eine rein fetischistische Auffassung von der Liebe. Ich habe eine große geistige Vorliebe für den Fetischismus, was Objekte angeht; aber letzten Endes gebe ich mich ihm überhaupt nicht hin.
RAYMOND QUENEAU: Naville?
PIERRE NAVILLE: Ich habe keine Erfahrung in dieser Hinsicht, keine Spezialisierung.
ANDRÉ BRETON: Hat jemand eine Vorliebe für ein bestimmtes Objekt?

Keine Antwort

ANDRÉ BRETON: Was hält Morise von der körperlichen Liebe zwischen einem Mann und zwei Frauen?
MAX MORISE: Das ist etwas, was ich niemals praktiziert habe, was mich auch überhaupt nicht reizt.
ANDRÉ BRETON: Unik?
PIERRE UNIK: Ich bin eher dagegen. Das interessiert mich nicht.

ANDRÉ BRETON: Péret?

BENJAMIN PÉRET: Ich habe es praktiziert, aber ich war enttäuscht.[21]

ANDRÉ BRETON: Naville?

PIERRE NAVILLE: Ich denke, das ist sehr wünschenswert. Man könnte durchaus auch noch mehr sein.[22]

ANDRÉ BRETON: Queneau?

RAYMOND QUENEAU: Durchaus wünschenswert und achtbar.

ANDRÉ BRETON: Tanguy?

YVES TANGUY: Ja, sehr gut.

BENJAMIN PÉRET: Breton?

ANDRÉ BRETON: Ganz und gar dagegen.
Was hält Prévert von Bordellen?

JACQUES PRÉVERT: Die interessieren mich nicht sehr. Sie könnten besser sein. Sie sind nutzlos.

ANDRÉ BRETON: Queneau?

RAYMOND QUENEAU: So lala. Nicht sehr gut, aber so ist das halt.

ANDRÉ BRETON: Unik?

PIERRE UNIK: Ich habe überhaupt nichts dafür übrig.

ANDRÉ BRETON: Morise?

MAX MORISE: Selbe Antwort.

ANDRÉ BRETON: Tanguy?

YVES TANGUY: Sehr, sehr gut.

ANDRÉ BRETON: Naville?

PIERRE NAVILLE: Das ist eine reformbedürftige Institution, die gute Ergebnisse bringen könnte.

ANDRÉ BRETON: Péret?

BENJAMIN PÉRET: Ich mag sie überhaupt nicht.

RAYMOND QUENEAU: Nachdem ich noch mal drüber nachgedacht habe, finde ich sie sehr gut.

ANDRÉ BRETON: Ich träume davon, sie zu schließen.

PIERRE NAVILLE: Warum?

ANDRÉ BRETON: Weil es Orte sind, wo man für alles bezahlen muß, und sie haben etwas von Irrenhäusern oder Gefängnissen. Inwieweit ist Naville damit einverstanden, mit einer Frau zu schlafen, die er dafür bezahlen muß?

PIERRE NAVILLE: Gar nicht. Das ist mir noch nie passiert.

ANDRÉ BRETON: Prévert?

JACQUES PRÉVERT: Das ist mir nie passiert. Ich bin bezahlt worden.

ANDRÉ BRETON: Unik?

PIERRE UNIK: Überhaupt nicht.

ANDRÉ BRETON: Queneau?

RAYMOND QUENEAU: In dem Maße, wie diese Frau mir gefällt.

ANDRÉ BRETON: Morise?

MAX MORISE: Überhaupt nicht.

ANDRÉ BRETON: Péret?

BENJAMIN PÉRET: Das ist mir schon passiert, aber ohne daß ich es vorher wußte. Hinterher war ich jedesmal der Dumme.

ANDRÉ BRETON: Tanguy?

YVES TANGUY: Wenn sie mir gefällt.

PIERRE UNIK: Breton?

ANDRÉ BRETON: Überhaupt nicht.

RAYMOND QUENEAU: Wenn Sie mit einer Frau schlafen, wünschen Sie, daß bestimmte äußere Bedingungen erfüllt werden? Welche?

ANDRÉ BRETON: Zumindest negative Bedingungen. Daß nichts Äußeres meine Aufmerksamkeit in störender Weise ablenkt (Tapete, fehlender Paravent, keine Toilette, etc.).[23]

BENJAMIN PÉRET: Licht oder Dunkelheit?

ANDRÉ BRETON: Je nach den Umständen. Ich verabscheue die Dunkelheit, zumindest beim ersten Mal.

RAYMOND QUENEAU: Péret?

BENJAMIN PÉRET: Tagsüber ist es mir eindeutig am liebsten. Was die anderen äußeren Bedingungen angeht, habe ich eine große Vorliebe für Wälder oder die Nähe von Wasser.

RAYMOND QUENEAU: Naville?

PIERRE NAVILLE: Völlig gleichgültig.

RAYMOND QUENEAU: Morise?

MAX MORISE: Ein Minimum an negativen Bedingungen. Ich will nicht gestört werden; ich bevorzuge Licht.

RAYMOND QUENEAU: Unik?

PIERRE UNIK: Ein Mindestmaß an Ruhe und Stille; ich bevorzuge Licht.

JACQUES PRÉVERT: Die Nacht zum Schlafen, den Tag zum Beischlaf. Es ist mir überall lieber als in einem Zimmer.

YVES TANGUY: Licht. So abgeschlossen wie möglich.

ANDRÉ BRETON: Was hält Unik von Geschlechtsverkehr in einer Kirche?

PIERRE UNIK: Das interessiert mich überhaupt nicht.

JACQUES PRÉVERT: Das interessiert mich nicht wegen der Glocken.

RAYMOND QUENEAU: Ich setze nie einen Fuß in eine Kirche, und ich werde ihn auch deshalb nicht dorthin setzen.

YVES TANGUY: Absolut widerwärtig.

MAX MORISE: Absolut unerträgliche Vorstellung.

BENJAMIN PÉRET: Ich denke an nichts anderes und habe die größte Lust dazu.

ANDRÉ BRETON: Ich teile Pérets Meinung voll und ganz, und ich wünschte, daß es mit allen möglichen Raffinements passierte.

BENJAMIN PÉRET: Ich würde bei dieser Gelegenheit gern Hostien entweihen und wenn möglich Exkremente im Kelch hinterlassen.

RAYMOND QUENEAU: Würde Péret gern mit einer Nonne schlafen?

BENJAMIN PÉRET: Nein, ich finde die Tracht der Nonnen scheußlich.

ANDRÉ BRETON: Das würde mich durchaus interessieren, vor allem, wenn sie schön wäre.
Was denkt Unik über *Frôleuses?*[24]

PIERRE UNIK: *Frôlement* ist eins der Dinge, die mich am meisten erregen.

ANDRÉ BRETON: Wohin führt Sie diese Erregung?

PIERRE UNIK: Das hängt von der *Frôleuse* ab, je nachdem ob ich sie lieben kann oder nicht.

ANDRÉ BRETON: Tanguy?

YVES TANGUY: Das interessiert mich nicht.

ANDRÉ BRETON: Queneau?

RAYMOND QUENEAU: Das *Frôlement*? Das erregt mich, aber es bringt mich zur Verzweiflung.

ANDRÉ BRETON: Prévert?[25]

YVES TANGUY: Das interessiert mich nicht.[26]

PIERRE NAVILLE: Keine Meinung.

BENJAMIN PÉRET: Ich finde das großartig. Ich bedauere es, nicht öfter *Frôleuses* zu treffen.

ANDRÉ BRETON: Sehr richtig. Aber es gibt sozusagen keine, und man hat den Eindruck, daß sie sich nicht darauf verstehen.

MAX MORISE: Das ist mir doch egal.

PIERRE UNIK: In welchem Maße glaubt Breton von einer Frau verlangen zu können, daß sie sich seinen physischen Forderungen unterwirft?

ANDRÉ BRETON: Überhaupt nicht. A priori habe ich keine physischen Forderungen.

BENJAMIN PÉRET: Selbe Antwort.

ANDRÉ BRETON: Muß Liebe notwendigerweise gegenseitig sein?

PIERRE NAVILLE: Ich glaube, daß keine absolute Notwendigkeit besteht, aber daß die Liebe schneller vergeht, wenn sie nicht gegenseitig ist.

PIERRE UNIK: Die Liebe bedarf absolut nicht der Gegenseitigkeit.

BENJAMIN PÉRET: Sie kann auch nicht gegenseitig sein.

ANDRÉ BRETON: Sie ist notwendigerweise gegenseitig. Ich habe lange das Gegenteil geglaubt, aber vor kurzem habe ich meine Meinung geändert.
Welches Alter haben Sie am liebsten bei einer Frau?

YVES TANGUY: 25 aufwärts.

PIERRE NAVILLE: Von 18 bis 40.

RAYMOND QUENEAU: Von 14 bis 50.

BENJAMIN PÉRET: Von 20 bis 25.

PIERRE UNIK: Keins.

JACQUES PRÉVERT: 14.

MAX MORISE: Ungefähr 25.

ANDRÉ BRETON: Von 23 bis 30.

RAYMOND QUENEAU: Können Sie Unsauberkeit oder vernachlässigte Kleidung bei einer Frau davon abhalten, diese Frau zu lieben?

ANDRÉ BRETON: Keinesfalls.

BENJAMIN PÉRET: Nicht im geringsten.

PIERRE UNIK: Ich glaube nicht.[27]

JACQUES PRÉVERT: Überhaupt nicht.

YVES TANGUY: Das macht sie für mich noch anziehender.

RAYMOND QUENEAU: Liebt Péret Frauen, die hinken?

BENJAMIN PÉRET: Ich verabscheue das wie alle anderen Mißbildungen.

MAX MORISE: Denkt jemand da anders?

RAYMOND QUENEAU: Das interessiert mich sehr.

Sodomie interessiert niemanden.

ANDRÉ BRETON: Wäre es Ihnen angenehm oder unangenehm, mit einer Frau zu schlafen, die nicht Französisch spricht?

BENJAMIN PÉRET: Das ist mir völlig egal.

JACQUES PRÉVERT: Sehr gut.[28]

ANDRÉ BRETON: Unerträglich. Ich verabscheue Fremdsprachen.[29]

YVES TANGUY: Sehr angenehm.

RAYMOND QUENEAU: Welche Bedeutung messen Sie Worten während des Aktes bei?

BENJAMIN PÉRET: Eine enorme Bedeutung negativer Art. Einige Sätze können mich total davon abbringen.

RAYMOND QUENEAU: Eine beträchtliche Bedeutung. Einige Worte sind so beschaffen, daß sie die Lust erhöhen.

YVES TANGUY: Ich bin derselben Meinung.

PIERRE NAVILLE: Zu ermutigen.

JACQUES PRÉVERT: Ich denke genau das Gegenteil.

PIERRE UNIK: Ich mag es nicht, wenn man mit mir redet.

ANDRÉ BRETON: In welchem Maße und in welchem Verhältnis ist es wahrscheinlich, daß ein Mann und eine Frau, die miteinander schlafen, gleichzeitig einen Orgasmus erreichen?

YVES TANGUY: Sehr selten.

BENJAMIN PÉRET: Welcher Prozentsatz?

YVES TANGUY: 10 %.

ANDRÉ BRETON: Variiert dieses Verhältnis je nach der Einstellung, die man zu der Frau hat?

YVES TANGUY: Nein.

ANDRÉ BRETON: Ist die Gleichzeitigkeit, von der wir sprechen, wünschenswert?

YVES TANGUY: Sehr.

RAYMOND QUENEAU: Dieselben Antworten wie Tanguy.

MAX MORISE: 15 %. Seltener beim ersten Mal. Wünschenswert.

PIERRE NAVILLE: 50 % ... gleichgültig.

JACQUES PRÉVERT: 8 % (antwortet nicht). Schädlich.

PIERRE UNIK: 12 %. Weiß ich nicht. Wünschenswert.

ANDRÉ BRETON: Wahrscheinlich niemals. Höchst wünschenswert.

BENJAMIN PÉRET: Geringer Prozentsatz. Ausgesprochen wünschenswert.

Zweites Gespräch[1]

31. Januar 1928

Louis Aragon, Jacques Baron, Jacques-A. Boiffard, André Breton, Marcel Duhamel, Marcel Noll, Benjamin Péret, Jacques Prévert, Raymond Queneau, Man Ray, Georges Sadoul, Pierre Unik.

LOUIS ARAGON: Es ist schade, daß wir uns neulich nicht alle zu den gestellten Fragen äußern konnten. Wir können heute natürlich nicht noch einmal alle diese Fragen aufgreifen, auch wenn das Thema längst noch nicht erschöpft ist.

ANDRÉ BRETON: Es wäre gut zu hören, was diejenigen, die am Donnerstag nicht da waren, zu den drei oder vier wichtigsten Fragen zu sagen haben.

LOUIS ARAGON: Welche Fragen sind das?

ANDRÉ BRETON: Die letzte, die gestellt wurde, und ansonsten die beiden ersten.

LOUIS ARAGON: Ein Mann und eine Frau schlafen miteinander. In welchem Maße und in welchem Verhältnis ist es wahrscheinlich, daß sie gemeinsam einen Orgasmus erreichen? Variiert dieser Prozentsatz je nachdem, wie gut man die Frau kennt? Ist diese Gleichzeitigkeit wünschenswert? Was denkt Man Ray darüber?

MAN RAY: Nicht häufig. Immer möglich. Nicht wünschenswert.

LOUIS ARAGON: Aber wie häufig Ihrer Meinung nach?

MAN RAY: 75 %.

ANDRÉ BRETON: Versuchen Sie diese Gleichzeitigkeit durch künstliche Mittel herbeizuführen?

MAN RAY: Wieso künstliche? Natürliche: aus Berechnung.

ANDRÉ BRETON: Und abgesehen von dieser Berechnung?

MAN RAY: Niemals. Ich wäre ohnehin schneller fertig als die Frau, zumindest beim ersten Mal.

LOUIS ARAGON: Duhamel?

MARCEL DUHAMEL: Extrem häufig. 85 %. Meistens durch künstliche Mittel. Von meiner Seite aus ist es Berechnung. In drei Vierteln der Fälle wird diese Gleichzeitigkeit dadurch erzielt, daß ich mich bewußt zurückhalte.[2] Die Gewöhnung ist für mich ein sehr wichtiger Faktor. Beim ersten Mal ist es sehr wünschenswert, aber sehr schwierig.[3]

LOUIS ARAGON: Boiffard?

JACQUES-A. BOIFFARD: Meiner Ansicht nach kommt das sehr selten vor, wenn man nicht auf künstliche Mittel zurückgreift.

ANDRÉ BRETON: Haben Sie etwas gegen die Verwendung solcher Mittel?

JACQUES-A. BOIFFARD: Nein, ich wende sie an.

ANDRÉ BRETON: Verwenden Sie sie ohne Bedenken, auch wenn Sie eine Frau wirklich lieben?

LOUIS ARAGON: Ich möchte darauf hinweisen, daß die Art und Weise, in der Breton die letzten Fragen gestellt hat, dazu angetan ist, die übrigen Personen zu beeinflussen.

ANDRÉ BRETON: Welcher Prozentsatz für Boiffard?

JACQUES-A. BOIFFARD: 50 %. Aber ohne die Verwendung der Mittel, von denen wir sprachen, ist Gleichzeitigkeit sehr selten, mit Zahlen kann man das nicht erfassen. Mal ist es wünschenswert, mal nicht, je nachdem.[4]

LOUIS ARAGON: Sadoul?

GEORGES SADOUL: Selten. Zwischen 10 und 15 %. Wünschenswert.

ANDRÉ BRETON: Unter Verwendung künstlicher Mittel?

GEORGES SADOUL: Ja.

BENJAMIN PÉRET: Und ohne Verwendung dieser Mittel?

GEORGES SADOUL: Dazu kann man keine Zahlen angeben.

ANDRÉ BRETON: Noll?

MARCEL NOLL: 10 bis 15 % mit einer Frau, die man kennt; 2 % bei einer anderen. Diese Gleichzeitigkeit erscheint mir wünschenswert.

JACQUES BARON: Zwischen 15 und 45 %. 15 % für eine Zufallsbekanntschaft, zwischen 25 und 45 % für eine Frau, mit der einen Gefühle verbinden.

ANDRÉ BRETON: Aragon?

LOUIS ARAGON: Ich beantworte die Fragen in umgekehrter Reihenfolge. Diese Gleichzeitigkeit ist alles, was mir in der Liebe erstrebenswert erscheint. Sie ist eine ganz und gar außergewöhnliche Sache. Natürlich ist es mir völlig unmöglich, sie irgendwie herbeizuführen. Ich habe weder die geistige Möglichkeit noch die physische Kraft, die nötig wäre, um ein solches Ergebnis zu erzielen. Verbirgt sich dahinter bei mir ein moralischer Grund? Ich weiß es nicht, aber das ist möglich. Das Wesentliche ist, daß ich in keiner Weise dazu fähig bin, meinen eigenen Orgasmus zu verzögern. Unmöglich, unter diesen Bedingungen einen Prozentsatz anzugeben: vielleicht 1 %. Ich glaube nicht, daß der Umstand, die Frau zu kennen, in dieser Hinsicht einen Einfluß auf mich hat.

Es erscheint mir wichtig, einige Folgerungen aus dem bisher Gesagten zu ziehen. Ich würde es begrüßen, wenn eine der Personen, die an dem anderen Abend da waren, zu diesem Zweck ein paar Zusatzfragen stellen würden.

ANDRÉ BRETON: Das ist ziemlich schwierig. Was mich angeht, so bin ich der gleichen Meinung wie Aragon, zumindest annäherungsweise: 0 % oder 1 %. Ich lehne es ab, zu künstlichen Mitteln zu greifen, wenn es sich um Liebe handelt. Das ist für mich eine Frage der Moral.

Das Gegenteil wäre Libertinage.[5]

JACQUES A. BOIFFARD: Ich habe etwas gegen den Ausdruck «künstliche Mittel». Wie auch immer man sie nennt, ich bin der Meinung, daß sie weniger einer Berechnung entspringen als vielmehr dem gegenseitigen Sichkennen.

Zustimmung von Baron und Prévert

RAYMOND QUENEAU: Ich wüßte gern, was Aragon von Homosexualität hält.

LOUIS ARAGON: Darauf werde ich später antworten.

Eine wichtige Frage ist, ob die Frau oder der Mann den Orgasmus des jeweils anderen feststellen können. Gibt es wirklich Möglichkeiten, das festzustellen? Noll?

MARCEL NOLL: Nein. Weder der Mann noch die Frau haben objektive Mittel, das festzustellen.

LOUIS ARAGON: Sadoul?

GEORGES SADOUL: Es gibt Mittel.

LOUIS ARAGON: Erläutern Sie das.

GEORGES SADOUL: Ich bin völlig unfähig, mich zu diesem Thema zu äußern.[6]

ANDRÉ BRETON: Kann die Frau den Orgasmus des Mannes an einer greifbaren Tatsache erkennen? An der Ejakulation?
GEORGES SADOUL: Ja.
ANDRÉ BRETON: In dem Moment, wo sie stattfindet?
GEORGES SADOUL: Ja, ganz bestimmt.
ANDRÉ BRETON: Verfügt der Mann über ein analoges Mittel, um den Orgasmus der Frau festzustellen?
GEORGES SADOUL: Nein.
ANDRÉ BRETON: Man Ray?
MAN RAY: Die Frau spürt automatisch den exakten Moment, in dem der Mann einen Orgasmus hat. Aber der Mann hat nur die Möglichkeit, die Erschöpfung der Frau festzustellen.
ANDRÉ BRETON: Und wenn diese Erschöpfung simuliert ist?
MAN RAY: Das ist ihre Sache. Ich akzeptiere ihr Spiel.
ANDRÉ BRETON: Unter diesen Bedingungen braucht man einen maßlosen Optimismus, um zu einem Prozentsatz von 75 %[7] gleichzeitiger Orgasmen zu kommen.
MAN RAY: Wenn es um rein physische Befriedigung geht, erscheint mir Onanie ideal. Mit einer Frau zu schlafen ist ein Spiel, bei dem es darum geht, gemeinsam Lust zu empfinden.
JACQUES BARON: Ich glaube, daß die Frau den Orgasmus des Mannes im Moment der Ejakulation bemerkt, aber ganz sicher bin ich mir da nicht.
MARCEL DUHAMEL: Es kann nur absolute Gewißheit oder den Zweifel geben.
JACQUES BARON: Es gibt natürlich Fälle, in denen die Frau den Orgasmus des Mannes nicht bemerkt.
LOUIS ARAGON: Was sind das für Fälle?
JACQUES BARON: Das sind keine ganz genau definierten Fälle.
ANDRÉ BRETON: Kann der Mann seinen Orgasmus simulieren?
PIERRE UNIK: Natürlich, denn es gibt ja auch Fälle, in denen die Frau sich täuscht, ohne daß der Mann simuliert.[8]
LOUIS ARAGON: Auf dem Gebiet des simulierten Orgasmus gibt es sicher Profis. Ich für meinen Teil glaube, daß die Frau den Orgasmus des Mannes überhaupt nicht mit Sicherheit feststellen kann, daß sie dies aufgrund nebensächlicher Merkmale beurteilt, ausgenommen den Fall, wo sie durch Berührung oder optisch feststellen kann, daß eine Ejakulation stattgefunden hat.
JACQUES-A. BOIFFARD: Kann man sagen, daß der Orgasmus des

Mannes stattgefunden hat, nur weil man eine Ejakulation feststellen kann?

LOUIS ARAGON: Für mich gehören Orgasmus und Ejakulation zusammen.

RAYMOND QUENEAU: Für mich nicht unbedingt.

JACQUES PRÉVERT: Für mich auch nicht.

YVES TANGUY: Überhaupt nicht.[9]

ANDRÉ BRETON: Es scheint ja hier lauter pathologische Fälle zu geben.[10]

LOUIS ARAGON: Ich möchte darauf aufmerksam machen, daß zum ersten Mal im Laufe dieser Diskussion das Wort «pathologisch» gefallen ist. Das scheint zu bedeuten, daß einige unter uns eine Vorstellung vom «Normalmann» zu haben scheinen. Ich wehre mich gegen diese Idee.

Protest von Breton, Baron, Duhamel und Péret, Zustimmung von verschiedenen Seiten[11]

ANDRÉ BRETON: Ich wäre sehr gespannt zu hören, wie Aragon sich das Phänomen des Nicht-Orgasmus erklärt.

LOUIS ARAGON: Gar nicht. Ich kenne diese Tatsache nicht. Andererseits, wenn der Mann kein greifbares Mittel hat, den Orgasmus der Frau festzustellen, dann gibt es natürlich subjektive Mittel, die nicht als Basis für Prozentsätze dienen können – dagegen richtete sich mein Einwand. Für mich wäre es unmöglich, mit einer Frau zu schlafen, von der ich annähme, daß sie simuliert.

ANDRÉ BRETON: Was kann einen Mann daran hindern, den Orgasmus einer Frau konkret zu erkennen?

MARCEL NOLL: Ich weiß nicht.

JACQUES PRÉVERT: Es ist doch der Mann, der am meisten über den Orgasmus des Mannes weiß; und die Frau, die am meisten über den Orgasmus der Frau weiß.

ANDRÉ BRETON: Es gibt einen eindeutig materiellen Hinderungsgrund: nämlich daß es für den Mann unmöglich ist, zwischen seinen eigenen Sekretionen und den verschiedenen Sekretionen der Frau zu unterscheiden, oder auch nur zwischen den verschiedenen Sekretionen der Frau.

PIERRE UNIK: Daraus ließe sich schließen, daß es abgesehen von der Untersuchung vor Ort, der die Frau sich unterziehen kann, nur subjektive Zeichen gibt.

LOUIS ARAGON: Sind Boiffard und Duhamel auch dieser Meinung?

JACQUES-A. BOIFFARD: Ich denke, daß es in den meisten Fällen keine objektiven Merkmale gibt, aber, wie Breton schon sagte, angesichts der Unmöglichkeit, zwischen den verschiedenen Sekretionen der Frau zu unterscheiden (was nur mit Hilfe eines Mikroskops möglich wäre), gibt es praktisch keine Möglichkeit, das festzustellen. Was den umgekehrten Fall angeht (objektive Zeichen des Orgasmus beim Mann), so weiß ich dazu nichts zu sagen.

LOUIS ARAGON: Duhamel?

MARCEL DUHAMEL: Ich glaube natürlich, daß es keine objektiven Merkmale gibt, aber für mich ist gegenseitiges Vertrauen die einzige Basis. Ich weigere mich, irgend etwas anderes in Betracht zu ziehen.

LOUIS ARAGON: Fragen wir, wie beim letzten Mal: 1. In welchem Umfang kann dieses Vertrauen sich manifestieren?; 2. Wie denken wir über die Berechtigung der Simulation?

MARCEL DUHAMEL: 1. Das ist natürlich von der gegenseitigen Begierde abhängig; 2. Keine.[12]

JACQUES PRÉVERT: 1. Ich finde, daß das überhaupt nichts damit zu tun hat; 2. Ich werde immer der Meinung sein, daß Simulation legitim ist.

ANDRÉ BRETON: Ich habe die 1. Frage schon beantwortet. 2. Gelegentlich habe ich gegen diese Simulation nichts einzuwenden.

LOUIS ARAGON: Queneau?

RAYMOND QUENEAU: 1. Ich vertraue niemandem, schon gar nicht einer Frau, 2. Ich finde jede Simulation legitim.

BENJAMIN PÉRET: Ich protestiere aufs Schärfste. Ich würde einer Frau immer vertrauen, wenn ich sie liebe. Ich finde Simulation legitim, auch wenn ich selbst keine Lust habe, sie anzuwenden.

RAYMOND QUENEAU: Selbst wenn ich sie liebe, vertraue ich einer Frau nicht, vor allem nicht in dieser Hinsicht.

LOUIS ARAGON: Für mich ist der Tag, an dem ich einer Frau nicht mehr vertraue, der Tag, an dem ich sie nicht mehr liebe. Ich finde die Simulation bei einer Frau schrecklich, obwohl ich sie an und für sich legitim finde. Was mich selbst angeht, ich gäbe etwas dafür, in dieser Hinsicht simulieren zu können, aber ich bin physisch nicht dazu in der Lage.

JACQUES BARON: Ich vertraue einer Frau, die ich liebe und von der ich denke, daß sie mich liebt, voll und ganz.

GEORGES SADOUL: Ich schließe mich dieser Erklärung an.

JACQUES BARON: Ich bin kein Feind von Simulation, aber ich glaube, daß es ein Verrat an der Liebe ist.

PIERRE UNIK: Ich glaube, daß Simulation legitim ist, und daß es kein Verrat ist, wenn die Frau simuliert, um den Orgasmus des Mannes herbeizuführen, wenn sie das will.

BENJAMIN PÉRET: Hält Duhamel es für möglich, mit einer Frau zu schlafen, wenn er eine andere liebt?

MARCEL DUHAMEL: Das liegt bei mir sehr wohl im Bereich des Möglichen.

MARCEL NOLL: Das kommt für mich überhaupt nicht in Frage. Wenn ich eine Frau liebe, sehe ich andere Frauen überhaupt nicht an.

RAYMOND QUENEAU: Ich würde Péret und Noll gern einfach fragen, was sie darunter verstehen, eine Frau zu lieben.

MARCEL NOLL: Ich sage, daß es mich nicht interessiert, mit einer Frau zu schlafen, wenn ich eine andere liebe.

RAYMOND QUENEAU: Was heißt das: eine Frau lieben?

BENJAMIN PÉRET: So eine Definition kann man doch nicht aus dem Ärmel schütteln.

MARCEL NOLL: Da ich zur Zeit nicht verliebt bin, kann ich nicht sagen, was es heißt, eine Frau zu lieben. Ich verlasse mich nicht auf meine Erinnerung.

ANDRÉ BRETON: Es ist schon seltsam, daß niemand hier sagen kann, was es heißt, eine Frau zu lieben.[13]

LOUIS ARAGON: Doch, ich. Eine Frau lieben heißt sie als alleinigen Lebensinhalt zu betrachten, als eine Inbesitznahme, vor der alles andere zurücktritt.

BENJAMIN PÉRET: Baron, können Sie mit einer Frau schlafen, wenn Sie eine andere lieben?

JACQUES BARON: Ich gebe dieselbe Antwort wie Noll. Es interessiert mich nicht; ich sehe keine anderen Frauen.[14]

LOUIS ARAGON: Ich bin dazu fähig, mit einer einzigen Einschränkung, daß nämlich diese Episode sich ganz einfach in den Verlauf eines allgemeineren Abenteuers einfügt, nicht so sehr aus meinem Entschluß als aus dem der Frau, die ich liebe.

Unmut

JACQUES BARON: Noll, was denkst du über Homosexualität?

MARCEL NOLL: Ich kann nur über die Homosexuellen sprechen. Ich empfinde ihnen gegenüber nur eine grundlegende, physische Abneigung. Keine Ähnlichkeit zwischen ihren und meinen moralischen Ansichten.

JACQUES BARON: Man Ray?

MAN RAY: Ich mache keinen großen Unterschied zwischen der physischen Liebe zwischen einem Mann und einer Frau und der Homosexualität. Es ist eher die Gefühlswelt der Homosexuellen, die mich immer von ihnen ferngehalten hat: Die Voraussetzungen für Gefühlsbeziehungen zwischen Männern sind mir immer schlimmer erschienen als die zwischen Mann und Frau.

RAYMOND QUENEAU: Ich finde sie in beiden Fällen gleich akzeptabel.

ANDRÉ BRETON: Queneau, sind Sie homosexuell?

RAYMOND QUENEAU: Nein.

Aragons Meinung über Homosexualität?

LOUIS ARAGON: Homosexualität ist für mich genauso eine sexuelle Gewohnheit wie alle anderen sexuellen Gewohnheiten. Das schließt von meiner Seite keinerlei moralische Verurteilung ein, und ich finde nicht, daß es hier angebracht ist, manchen Homosexuellen mit Vorbehalten zu begegnen, die ich ebenso gegenüber «Weiberhelden» hätte.

JACQUES BARON: Ganz meine Meinung.

MARCEL DUHAMEL: Ich denke, daß der moralische Standpunkt aus dieser Frage herausgehalten werden sollte. Ich finde im allgemeinen das äußere Gehabe und die weibischen Gesten der Homosexuellen peinlich. Trotzdem, ich habe mir schon einmal ohne Abscheu vorgestellt, einen sehr kurzen Augenblick lang, mit einem jungen Mann zu schlafen, den ich besonders schön fände.

JACQUES-A. BOIFFARD: Nicht alle Homosexuellen haben dieses Gehabe. Die Gesten mancher Frauen sind lächerlicher und peinlicher als die mancher Homosexueller. In moralischer Hinsicht verdamme ich die Homosexualität keineswegs. Ich habe auch schon einmal ohne Abscheu daran gedacht, mit einem Mann zu schlafen. Ich habe es übrigens nicht getan.

ANDRÉ BRETON: Ich bin absolut dagegen, daß die Diskussion zu diesem Punkt fortgesetzt wird. Wenn sie zur Reklame für Homosexualität ausartet, gehe ich sofort.

LOUIS ARAGON: Es war nie die Rede davon, Reklame für Homosexualität zu machen. Die Diskussion nimmt hier eine ziemlich emotionale Wendung. Meine Antwort, die ich gern kommentieren würde, ist mir in Hinsicht auf die Homosexualität nur in den Sinn gekommen, weil davon die Rede war. Ich möchte über alle sexuellen Gewohnheiten sprechen.

ANDRÉ BRETON: Soll ich die Diskussion verlassen? Auf einem solchen Gebiet setze ich mich gern dem Vorwurf des Obskurantismus aus.

RAYMOND QUENEAU: Breton, verdammen Sie alles, was man sexuelle Perversionen nennt?

ANDRÉ BRETON: In keiner Weise.

RAYMOND QUENEAU: Welche verurteilen Sie denn nicht?

ANDRÉ BRETON: All die außer der, von der hier schon viel zu lange die Rede war.

RAYMOND QUENEAU: Was denkt Aragon über den Gebrauch von Kondomen?

LOUIS ARAGON: Davon habe ich eine sehr kindliche Vorstellung. Ich glaube, so was kann man in der Apotheke kaufen.

ANDRÉ BRETON: Wohl eher in einer Drogerie.

RAYMOND QUENEAU: Komisch, ich habe genau dieselbe Vorstellung wie Aragon.

LOUIS ARAGON: Lassen wir das. Benutzt jemand unter uns Gegenstände als erotische Stimuli?

Einstimmiges Nein

LOUIS ARAGON: Fühlt Queneau sich bei der Liebe durch die Anwesenheit eines Dritten gestört?

RAYMOND QUENEAU: Nein.

MARCEL DUHAMEL: Die Anwesenheit eines Mannes würde mich sehr stören, die einer Frau nicht.

MARCEL NOLL: Die Anwesenheit eines Mannes, der zur selben Zeit wie ich mit einer Frau schläft, würde mich unter Umständen nicht stören.

JACQUES BARON: Die Anwesenheit von Voyeuren stört mich, nicht die von aktiven Dritten.

GEORGES SADOUL: Selbe Antwort.

MAN RAY: Ein Fremder würde mich stören, ein Freund nicht. Eine Frau niemals.

JACQUES-A. BOIFFARD: Selbe Antwort wie Baron.

PIERRE UNIK: Die Anwesenheit eines Dritten stört mich auf jeden Fall ganz gewaltig und würde mich vom Beischlaf abhalten.

JACQUES PRÉVERT: Das ist ziemlich störend.

ANDRÉ BRETON: Ich könnte die Anwesenheit eines Dritten auf keinen Fall ertragen.

LOUIS ARAGON: Man liebt sich zu zweit, in völliger Abgeschlossenheit. Das kann in einer Menge sein, aber in einer achtlosen Menge.

BENJAMIN PÉRET: Die Anwesenheit einer Frau stört mich nicht, aber jede andere Person ist mir unerträglich.

ANDRÉ BRETON: Welche Positionen erregen Sie am meisten? Baron?

JACQUES BARON: 69, die sogenannte Windhundposition.

MARCEL DUHAMEL: Die Windhundposition, 69.

LOUIS ARAGON: Ich habe ein sehr eingeschränktes Repertoire. Die unterschiedlichen Positionen erregen mich alle ebensosehr wie sie mir unmöglich sind. Was ich am liebsten mag, ist mein Samenerguß während der Fellatio, wenn ich der aktive Part bin. Eigentlich mache ich es immer auf die einfachste Weise.

MAN RAY: Keine Vorlieben. Am meisten interessiert mich die Fellatio des Mannes durch die Frau, weil das bei mir bisher am seltensten vorgekommen ist.

MARCEL NOLL: Fellatio der Frau durch mich, oder Geschlecht auf Geschlecht, Mund auf Mund,[15] 69.

GEORGES SADOUL: Keine besondere Vorliebe. Vielleicht doch: Fellatio der Frau durch mich.

LOUIS ARAGON: Was erregt Sie am meisten?

MARCEL DUHAMEL: Die Beine und die Schenkel einer Frau. Dann das Geschlecht, die Schenkel und der Hintern.

JACQUES PRÉVERT: Der Hintern.

RAYMOND QUENEAU: Der Arsch.

LOUIS ARAGON: Der Gedanke an die Lust der Frau.

MARCEL NOLL: Das ist genau das, was auch mich interessiert.

MARCEL DUHAMEL: Ebenfalls.

BENJAMIN PÉRET: Was Körperteile angeht, die Beine und die Brüste. Ansonsten, zu sehen, wie eine Frau masturbiert.

MAN RAY: Die Brüste und die Achselhöhlen.

ANDRÉ BRETON: Die Augen und die Brüste. Ansonsten alles, was in der physischen Liebe im Bereich des Perversen angesiedelt ist.

LOUIS ARAGON: Ich würde mich sehr gern dem letzten Teil dieser Antwort anschließen, insoweit als Perversität Verschwendung ist.

ANDRÉ BRETON: Es handelt sich bei mir nicht notwendigerweise um ein steriles Vergnügen.

JACQUES BARON: Mund, Zähne, Brustansatz. Alles, was zum Bereich des Perversen und der Entdeckung gehört.

GEORGES SADOUL: Geschlecht und Oberschenkel, dann der Mund. Alles, was zum Bereich des Perversen und der Entdeckung gehört.

PIERRE UNIK: Die Vorstellung von der Erregung der Frau, die ich liebe.

LOUIS ARAGON: Was denken Sie über äußere Gefahr (zum Beispiel den Tod) während des Liebesaktes?

JACQUES PRÉVERT: Das kann nur stimulierend sein, und die Leute, die diese Gefahr nicht kennengelernt haben, haben sich niemals der Liebe hingegeben.

ANDRÉ BRETON: Ich finde diese Äußerung absolut übertrieben. Man kann doch nicht im Bewußtsein einer von außen drohenden Gefahr mit einer Frau schlafen, die man liebt.

MARCEL DUHAMEL: Ich kann mir dieser Gefahr durchaus bewußt sein, wenn ich mit einer Frau schlafe, die ich liebe. Das wäre nicht stimulierend, aber, und das kann ich nicht erklären, es würde mir eine große Lust verschaffen, solange diese Gefahr keine unmittelbare und katastrophale Form annähme.

MARCEL NOLL: Die Idee einer Gefahr ist mir noch nie in den Sinn gekommen.

LOUIS ARAGON: Ich hatte eine sehr große Vorliebe für die Gefahr, bis zu dem Tag, als ich mich von ihr bedroht sah, in einer Art, die ganz speziell eine Frau betraf, die ich liebte. Seit diesem Tag ist mir das zuwider.

ANDRÉ BRETON: Ging es dabei um Leben und Tod?

LOUIS ARAGON: Nicht für diese Frau.

GEORGES SADOUL: Die Idee der Gefahr ist für mich ganz ohne Zweifel erregend.

RAYMOND QUENEAU: Wenn ich mit jemandem schlafe, bin ich zu beschäftigt, um mich mit Gefahren abzugeben.

BENJAMIN PÉRET: Ich schließe mich dieser Meinung voll und ganz an.

LOUIS ARAGON: Mich können die allerkleinsten Dinge ablenken.

RAYMOND QUENEAU: Das ist auch richtig.

ANDRÉ BRETON: Die Liebe ist vielleicht mit allen Ablenkungen vereinbar, aber die Idee der Liebe nicht.

LOUIS ARAGON: Genau.

RAYMOND QUENEAU: Hat Aragon Neigungen zum Fetischismus?

LOUIS ARAGON: Ich halte mich für einen Fetischisten, insofern als ich eine Menge Gegenstände mit mir herumtrage, denen ich Bedeutung beimesse und die ich immer in Reichweite haben muß.

MARCEL DUHAMEL: Ich denke da wie Aragon.

ANDRÉ BRETON: Inwieweit hält Aragon die Erektion für notwendig zur Ausübung des Geschlechtsverkehrs?

LOUIS ARAGON: Ein Minimum an Erektion ist notwendig, aber ich für meinen Teil habe immer nur unvollständige Erektionen.

ANDRÉ BRETON: Findest du das bedauernswert?

LOUIS ARAGON: Wie alle physischen Unzulänglichkeiten, aber mehr nicht. Ich bedauere es nicht mehr als den Umstand, daß ich nicht mit ausgestrecktem Arm ein Klavier hochheben kann.

MARCEL DUHAMEL: Mißt Aragon dem Orgasmus des Mannes oder dem der Frau eine größere Bedeutung zu?

LOUIS ARAGON: Das ist von Tag zu Tag ganz unterschiedlich. Bevor ich gehe, möchte ich unbedingt noch sagen, daß mich bei den meisten hier vorgetragenen Antworten eins stört, nämlich die Vorstellung, die ich aus ihnen herauszulesen glaube, daß Mann und Frau nicht gleichberechtigt seien. Für mich ist jedes weitere Reden über physische Liebe sinnlos, wenn man nicht zuallererst die Wahrheit anerkennt, daß Mann und Frau dabei die selben Rechte haben.

ANDRÉ BRETON: Wer hat je das Gegenteil behauptet?

LOUIS ARAGON: Ich drücke mich genauer aus: der Wert all dessen, was bisher gesagt wurde, scheint mir bis zu einem gewissen Punkt von der fatalen Vorherrschaft des männlichen Standpunktes beeinträchtigt.

RAYMOND QUENEAU: Was hält Noll vom Fetischismus?

MARCEL NOLL: Ich bin in sehr großem Maße Fetischist. Ich habe alle möglichen Objekte bei mir zu Hause.

ANDRÉ BRETON: Das ist doch kein Fetischismus, das ist Sammelleidenschaft.

MARCEL NOLL: Ich masturbiere nicht vor einem Objekt, das von einer Frau stammt.

GEORGES SADOUL: Ich habe mich bisher weder mit Fetischismus noch mit einer Sammelleidenschaft abgegeben.

MARCEL DUHAMEL: Ich habe fetischistische Neigungen.

ANDRÉ BRETON: Ist Queneau im weitesten Sinn des Wortes Masochist?

RAYMOND QUENEAU: Überhaupt nicht. Dann schon eher Sadist.

GEORGES SADOUL: Ich habe in moralischer Hinsicht eine sehr ausgeprägte Neigung zum Masochismus und Sadismus, ohne daß das für mich die physische Ebene ausschließen würde.

MARCEL DUHAMEL: Eher sadistisch in beidem.

JACQUES BARON: [16]Ich wäre in physischer Hinsicht eher sadistisch.

MARCEL DUHAMEL: Wie wichtig ist für Sie die Gewohnheit beim Entwickeln von Perversionen?

ANDRÉ BRETON: Ich bin weder sadistisch noch masochistisch veranlagt. Die Gewohnheit kann bei mir also keine Rolle spielen.

MARCEL DUHAMEL: Queneau?

RAYMOND QUENEAU: Ebenso wichtig wie beim Nichtentwickeln von Perversionen.

ANDRÉ BRETON: Eine Frau, die Sie a priori lieben können, gibt sich Ihnen gleich in dem Moment hin, in dem Sie sie begehren. Lieben Sie sie mehr oder weniger als eine Frau, die sich lange umwerben läßt?

MARCEL DUHAMEL: Ich würde sie im ersten Fall sehr viel mehr lieben.

JACQUES BARON: Ich auch, denn ich kann Koketterie nicht ausstehen.

BENJAMIN PÉRET: Ich würde sie im zweiten Fall sehr viel mehr lieben.

MARCEL NOLL: Ich glaube nicht, daß die Intensität der Liebe davon abhängt, ob man eine Frau früher oder später besitzt.

MAN RAY: Weniger, wenn sie kokett ist; mehr, wenn andere Skrupel der Grund sind.

RAYMOND QUENEAU: Mehr im ersten Fall.

PIERRE UNIK: Ich bin derselben Meinung wie Noll.

JACQUES PRÉVERT: Mich interessiert das nicht.

GEORGES SADOUL: Eine Frau, die ihre Zeit braucht, um mich zu lieben, liebe ich zweifellos mehr als eine, die meine Liebe schon zu einem Zeitpunkt erwidert, wenn sie noch nicht ihre größte Intensität erreicht hat.

MARCEL NOLL: Der sofortige Besitz erscheint mir auf diesem Gebiet das Ideale zu sein und, wenn ich es recht bedenke, ein Garant für die Qualität der Liebe.

ANDRÉ BRETON: Unendlich mehr im ersten Fall, vorausgesetzt ich bin sicher, daß sie mich dann, wenn sie sich mir hingibt, liebt. Was hält Prévert von der Provokation von seiten der Frau, wenn er nicht sicher ist, ob Liebe im Spiel ist?

JACQUES PRÉVERT: Ich finde das ausgesprochen gut, und daß es zu selten vorkommt, ist den Männern zuzuschreiben.

MAN RAY: Ich bin da sehr mißtrauisch. Ich werde sofort feindselig.

JACQUES PRÉVERT: Breton, was verstehen Sie unter Libertinage?

ANDRÉ BRETON: Spaß an der Lust um der Lust willen.

RAYMOND QUENEAU: Finden Sie das gut oder schlecht?

ANDRÉ BRETON: Ich bin entschieden dagegen.[17]

PIERRE UNIK: Denken Sie, daß Libertinage bei einem Mann diesen Mann jeglicher Fähigkeit zu lieben beraubt?

ANDRÉ BRETON: Ganz bestimmt.

MARCEL NOLL: Das denke ich auch.

MAN RAY: Kann Breton sich für zwei Frauen gleichzeitig interessieren?

ANDRÉ BRETON: Ich habe schon gesagt, daß das unmöglich ist. Und Man Ray?

MAN RAY: Ja, aber nicht für mehr als zwei.

RAYMOND QUENEAU: Was ist Ihre erste sexuelle Erfahrung, an die Sie sich erinnern?

BENJAMIN PÉRET: Als ich 7 oder 8 war, sah ich in der Schule einen kleinen Jungen, wie er sich das Glied mit Tinte einschmierte und unter der Schulbank masturbierte.

ANDRÉ BRETON: Auch in der Schule, ein Kind, das sein Geschlechtsteil zeigte und es mit einem Wort bezeichnete, das mir bis dahin unbekannt gewesen war: «mein... ».[18] Am selben Abend habe ich die Geschichte meinen Eltern erzählt.

MARCEL DUHAMEL: Auch in der Schule. Ein kleiner Junge legte mir unter der Schulbank plötzlich die Hand auf den Hosenschlitz. Das hinterließ in mir eine sehr angenehme Erinnerung.

JACQUES BARON: Schüler, die hinter ihren Zeichenmappen masturbierten.

MARCEL DUHAMEL: Ich erinnere mich auch, daß ich sehr erregt war, als ich sah, wie ein Mann und eine Frau sich küßten.

MAN RAY: Ich hatte gerade die Pubertät hinter mir. Ein älterer Freund, der um die 16 gewesen sein muß, erklärte mir den Liebesakt. Ich wollte es unbedingt ausprobieren und lockte ein zehnjähriges Mädchen mit dem Versprechen, ihr ein Bilderbuch zu schenken, wenn sie mir ihr Geschlecht zeigen würde. Dann versuchte ich, in sie einzudringen. Sie beklagte sich, daß ich ihr weh täte. Ich hatte, aus Angst allein zu sein, meinen neunjährigen Bruder mitgebracht, und ich überredete ihn, es seinerseits zu versuchen. Er tat es, und sie nahm ihn in die Arme und sagte zu mir: «Ich mag deinen Bruder lieber, er tut mir nicht so weh.»

GEORGES SADOUL: Ich erinnere mich an zwei Dinge, die ich beide im Alter von 5 bis 7 Jahren erlebte, ohne daß ich sagen könnte, welche früher und welche später war. Ich träumte, daß ich mein erigiertes Glied berührte und es dabei abbrach, so daß es getrennt von meinem Körper war, aber es war immer noch erigiert. Ich verspürte überhaupt keinen Schmerz, aber ich hatte große Angst vor den Vorwürfen, die meine Mutter mir am nächsten Tag ganz bestimmt machen würde. Beim Aufwachen verspürte ich eine lebhafte Befriedigung, als ich feststellte, daß nichts dergleichen passiert war. Ich glaube übrigens, daß ich meiner Mutter von dieser Zufriedenheit erzählt habe.
Ein anderes Mal habe ich ein zwei Jahre jüngeres Mädchen gestreichelt und mich von ihr streicheln lassen. Das ganze ging einher mit Klapsen auf den Po. Genau das gleiche hat sich in unregelmäßigen Abständen mit derselben Person mehrmals wiederholt, bis ich 12 war. Mal unter dem Vorwand, Doktor und Patient zu spielen, mal Lehrer und Schüler, wobei die Verteilung der Rollen wechselte.

PIERRE UNIK: Im Alter von 4 träumte ich, ich sei in einem Garten, mit kleinen Mädchen in weißen Kleidern, von denen eins ganz besonders schön war. Ich blieb lange mit ihr zusammen. Ich empfand ein lebhaftes Gefühl von Befriedigung; beim Aufwachen war ich enttäuscht und fragte meine Schwester, ob sie jemals Liebesträume gehabt habe.

Allgemeiner Protest: «Diese sexuelle Erinnerung ist sehr schwach.»

PIERRE UNIK: Hier noch andere: Mit 5 oder 6 stellte ich mir vor, ein Tier fest in meinen Armen zu halten, mal ein Pferd, mal einen Hund. Ich empfand ein unbeschreibliches Gefühl. Dasselbe Gefühl hatte ich, als ich auf der Straße Hunde sah, von denen ich annahm, daß sie miteinander spielten. Und dann noch bei der Lektüre einer Erzählung mit dem Titel «Das Fleisch», die in einem aus dem Russischen übersetzten, von Ferenczi herausgegebenen Buch stand.

JACQUES PRÉVERT: Meine ersten sexuellen Erinnerungen habe ich an Kinder meines Alters, die sich für nichts anderes als ihr Geschlecht interessierten. Ich war wie sie. Mit 7 erlebte ich eine große Überraschung, als ich sah, wie ein kleines Mädchen, die Schwester eines Freundes, kopfüber hinfiel. Ich bemerkte, daß ihr Geschlecht anders war als meins. Daraus schloß ich, daß sie ein Krüppel sei. Ich konnte sie nicht ansehen. Sie war mir widerlich. Später ist sie dann blind geworden.

RAYMOND QUENEAU: Ich erinnere mich, daß ich eine Erektion bekam, als ich zwei sich deckende Hunde sah. Außerdem bekam ich einen Samenerguß, als ich in den Folies Bergères eine als Page verkleidete Tänzerin sah. Es waren zwei auf der Bühne, aber nur die linke interessierte mich.

MARCEL NOLL: Ich muß so 4 oder 4 ½ gewesen sein. Ein kleiner Junge, den ich gewöhnlich bis zur Haustür begleitete, lud mich eines Tages ein, mit hinauf zu seiner Mutter zu kommen. In meiner Anwesenheit erklärte er ihr, er würde gern seine kleine blaue Cheviothose enger gemacht haben. Ich weiß nur, daß mich diese Äußerung stark beeindruckte und daß ich sie meinen Eltern erzählt habe, die sich daraufhin lange ansahen. Ich wurde rot und habe mich furchtbar geschämt. Diese Scham hat noch lang angehalten.

Drittes Gespräch

Zwischen dem 1. und 14. Februar 1928

Louis Aragon, André Breton, Max Morise, Marcel Noll, Benjamin Péret.

BENJAMIN PÉRET: Noll, Sie haben das letzte Mal von Ihren ersten sexuellen Erinnerungen gesprochen. Waren diese Erinnerungen in irgendeiner Weise mit Schamgefühlen verbunden?

MARCEL NOLL: Aber ja, sicher.

BENJAMIN PÉRET: Und in welcher Weise?

MARCEL NOLL: Ich glaube, daß meine Scham auf bewußte Weise eine Folge der bei meinen Eltern festgestellten Reaktion war, als ich ihnen die Geschichte erzählte, die Sie kennen.

BENJAMIN PÉRET: Kann Morise, der uns bisher nicht an seiner ersten sexuellen Erinnerung hat teilhaben lassen, jetzt eine erzählen?

MAX MORISE: Die erste Erinnerung, die ich im Augenblick habe, ist der Eindruck, den ich hatte, als ich das Glied eines Pferdes sah, das vor einen Kohlewagen gespannt war, der vor dem Lager der *Armes de France* in der Avenue de Breteuil parkte. Ich verbinde diese Erinnerung in keiner Weise mit irgendeinem Gefühl von Scham.

BENJAMIN PÉRET: Aragon?

LOUIS ARAGON: Scham ist ein Gefühl, das sich bei mir sehr spät einstellte und dessen Entwicklung noch nicht abgeschlossen ist.

ANDRÉ BRETON: Ich protestiere gegen den humoristischen Charakter dieser Antwort.

BENJAMIN PÉRET: Bei welcher Gelegenheit wurde bei dir zuerst Scham wach?

LOUIS ARAGON: Es ist möglich, daß ich das vor lauter Scham vergessen habe.

BENJAMIN PÉRET: Was ist deine erste bewußte Erinnerung an dieses Schamgefühl?

LOUIS ARAGON: Mir fällt keine erste Erinnerung ein, denn etwas in mir würde sich bei diesem Thema per definitionem sträuben.

BENJAMIN PÉRET: Das verstehe ich nicht, es erscheint mir seltsam.

LOUIS ARAGON: Ich antworte, um Péret eine Freude zu machen, daß mein erstes Gefühl von bewußter Scham auf jeden Fall zur selben Zeit auftrat wie das erste Mal, von dem man sagen kann, daß ich wirklich geliebt habe.

BENJAMIN PÉRET: Breton?

ANDRÉ BRETON: Das Erwachen der Scham trat bei mir, glaube ich, nicht zur selben Zeit wie die erste sexuelle Erinnerung auf, von der ich erzählt habe. Es muß etwas später gewesen sein und hängt mit dem Gefühl von Aufruhr zusammen, das ich etwa im Alter von 6 Jahren empfand, als meine Mutter mit mir zum Arzt ging. Sie fragte diesen um Rat wegen unfreiwilligem nächtlichen Bettnässen, das sich fünf oder sechs Mal wiederholt hatte. Der Arzt fragte meine Mutter, ob ich etwa «schlechte Gewohnheiten» hätte. Im sehr vulgären Sinn dieser Worte hatte ich keine.

LOUIS ARAGON: Péret, ich würde gern wissen, ob es bei allen die sexuelle Scham war, die sich zuerst zeigte.

BENJAMIN PÉRET: Für mich ja.

MARCEL NOLL: Für mich nicht.

BENJAMIN PÉRET: Kurze Zeit nach den erzählten Vorfällen, vielleicht ein Jahr später, wurde ich von der Hausmeisterin im Hof des Hauses meiner Eltern überrascht, wie ich unter einer Treppe masturbierte; woraufhin ich es nicht mehr wagte, in den Hof hinunterzugehen.

LOUIS ARAGON: Hast du vorher nie irgendeinen wie auch immer gearteten Anflug von Scham gefühlt?

BENJAMIN PÉRET: Ich kann mich an nichts dergleichen erinnern. Noll?

MARCEL NOLL: Ich erinnere mich an etwas der Zeit vor dieser ersten Erinnerung, von der ich erzählt habe, an etwas, das eine Scham ohne sexuellen Anklang zu verraten scheint.

BENJAMIN PÉRET: Aragon?

LOUIS ARAGON: Für sehr lange Zeit war Scham für mich ein soziales Gefühl, das gegen meine Familie gerichtet war (der Gedanke an ihren niedrigen sozialen Status). Später ist mir das bewußt geworden, als ich Schulbücher las, in denen Anekdoten über kleine Jungen oder kleine Mädchen erzählt wurden, die ihren Eltern gegenüber negative Gefühle hatten.

ANDRÉ BRETON: Das hat nichts mit Scham zu tun. Scham kann immer nur sexuell sein.

LOUIS ARAGON: Es ist wahrscheinlich, daß die soziale Form der Scham bei mir nur eine versteckte Form sexueller Scham ist.

ANDRÉ BRETON: Es wäre zu wünschen, daß jeder etwas mehr Klarheit über sich selbst hätte und die sogenannten sozialen Formen auf eine einfache Form zurückführen würde.

LOUIS ARAGON: Ein ganz und gar platonischer Wunsch.

ANDRÉ BRETON: Die Frage ist zwar keineswegs abgehakt, aber wenn man in einer Diskussion über die Scham behauptet, daß es per definitionem unmöglich ist, seine eigene Scham zu überwinden, dann brauchen wir gar nicht weiterzureden.

LOUIS ARAGON: Was für eine Scham!

ANDRÉ BRETON: Wie geistreich!

LOUIS ARAGON: Was ist Geist?

BENJAMIN PÉRET: Drittklassiger Humor.

ANDRÉ BRETON: Und systematische Obstruktion.
Aragon, was ist Scham?

LOUIS ARAGON: Frage, die ich nicht imstande bin zu beantworten.

ANDRÉ BRETON: Ich frage Péret, der sicher fähig ist zu antworten.

BENJAMIN PÉRET: Es ist ein Gefühl von Peinlichkeit, das ich empfunden habe und das ich immer weniger empfinde, zum Beispiel wenn ich mich nackt zeige. Ich schäme mich, mich nackt vor Männern zu zeigen, sehr viel weniger vor Frauen.

ANDRÉ BRETON: Morise?

MAX MORISE: Ich werde eine kleine Geschichte erzählen, die man mir über mich als Kind erzählt hat. Eines Tages, als ich aus der Badewanne kam, betrat eine Putzfrau mein Zimmer, als ich gerade mit dem Rücken zur Tür stand. Ich habe mich sofort umgedreht und meinen Hintern mit einem Handtuch bedeckt.

MARCEL NOLL: Scham ist ein Gefühl, dem man gewachsen sein muß. Es entstand bei mir dadurch, daß andere bestimmte Dinge, die ich tat, nicht verstanden, eine Tatsache, der ich zuviel Bedeutung beimaß. Ich glaubte, der Unterlegene zu sein.

ANDRÉ BRETON: Um die glückliche Formulierung von Noll aufzunehmen: Scham ist ein Gefühl, dem man nicht gewachsen sein muß. Es ist ein Gefühl von absurder Peinlichkeit gegenüber allem, und es kann zwar bekanntlich sublimiert werden, ist deshalb aber noch lange nicht zu entschuldigen. Es ist niemals unverständlich und läßt sich immer auf ein elementares Schema sexueller Art zurückführen, das man überwinden kann. Dieses Gefühl kann nur durch eins entschuldigt werden: Es wird von der Traurigkeit darüber hervorgerufen, daß ein Mensch unter Umständen die behauptete Existenz seines Körpers miteinbeziehen muß, ich will damit sagen, es ist christlicher Natur.

LOUIS ARAGON: Sehr gut.

BENJAMIN PÉRET: Was mich angeht, so mache ich einen gewissen Unterschied zwischen rein sexueller Scham und daraus abgeleiteten Schamgefühlen in anderen Bereichen.
Was denkt Noll darüber?

MARCEL NOLL: Ich mache keine.

LOUIS ARAGON: Es ist schwierig, jetzt auf diese Frage zu antworten, weil die vorigen Fragen mehr auf den Ursprung der Scham als auf ihr Wesen abzielten. Wir kommen jetzt – keineswegs zu früh – zum Erwachsenenalter. In diesem Alter hoffe ich, daß nicht vom Gefühl herrührende Scham nicht mehr existiert. Schamgefühle sind genau das, wovon ich sage, daß es schwierig ist, darüber zu reden.

ANDRÉ BRETON: Ich denke, Kindheit und Erwachsenenalter gehen lückenlos ineinander über. Ich bestehe darauf, Schamgefühle zu leugnen; wie Péret bereits sagte, ist die eigentliche Frage die, ob man sich nackt zeigen kann oder nicht.

BENJAMIN PÉRET: Es stört mich überhaupt nicht, mich nackt zu zeigen, aber ich habe meine Schwierigkeiten, von einem Liebeserlebnis zu sprechen.

ANDRÉ BRETON: Ich kann nicht mehr folgen.

LOUIS ARAGON: Wenn es wirklich darum geht, sich nackt zu zeigen oder nicht, dann habe ich keinerlei Scham.

ANDRÉ BRETON: Würde Aragon nichts Schlechtes darin sehen, nur mit Socken und Strumpfhaltern bekleidet vor eine Frau zu treten?

LOUIS ARAGON: Im Augenblick, wo man mir die Frage stellt, bin ich geneigt, sie zu verneinen, weil ich mir durchaus vorstellen kann, in so einem Aufzug zu erscheinen. Aber es könnte auch anders sein. Meine Scham bezieht sich auf André Breton, nicht auf die Frau.

ANDRÉ BRETON: Der erste Teil dieser Antwort ist sehr doppeldeutig. Sieht Aragon sein Adamskostüm nicht, wenn er nackt ist?

LOUIS ARAGON: Nicht immer.[1]

BENJAMIN PÉRET: Wäre jemand bereit, sich einer Frau mit verräterischen Flecken auf der Hose zu zeigen?

MAX MORISE: Ich pflege nicht mit verräterischen Flecken auf der Hose durch die Gegend zu spazieren.

BENJAMIN PÉRET: Noll?

MARCEL NOLL: Nicht mehr als mit offenem Hosenschlitz.

BENJAMIN PÉRET: Aragon?

LOUIS ARAGON: Ich weiß nicht, wie verdächtige Flecke auf meine Hose kommen sollten.

BENJAMIN PÉRET: Breton?

ANDRÉ BRETON: Ich könnte auf gar keinen Fall vor eine Frau treten, die womöglich verdächtige Flecke auf meiner Hose entdecken würde.

LOUIS ARAGON: Perfekt.

ANDRÉ BRETON: Was hält Noll von der Vorstellung, nackt im Bett darauf zu warten, bis die Frau sich ausgezogen hat?

MARCEL NOLL: Ich bin ganz und gar dagegen. Dennoch halte ich es nicht für unmöglich, daß so etwas eventuell passieren würde.

ANDRÉ BRETON: Aragon?

LOUIS ARAGON: Man sollte eine Unterscheidung treffen. Handelt es sich um eine Frau, die einen nicht kennt oder eine Frau, die einen sehr gut kennt? Im ersten Fall ist es ungeheuerlich, im zweiten rein zufällig.
Und du selbst?

ANDRÉ BRETON: [2]Würde mich schon interessieren.
Péret, du hast mit einer Frau ein Zimmer betreten. Ergreifst du die Initiative, dich auszuziehen?

BENJAMIN PÉRET: Meistens nicht.

ANDRÉ BRETON: Warum nicht?

BENJAMIN PÉRET: Weil es der Anblick der sich allmählich ausziehenden Frau ist, der mich dazu ermuntert, dasselbe zu tun.

ANDRÉ BRETON: Wartest du, bis sie fertig ist, bevor du ins Bett gehst?

BENJAMIN PÉRET: Nein, ich warte nicht.

ANDRÉ BRETON: Noll, selbe Frage.

MARCEL NOLL: Das hängt völlig von der jeweiligen Frau ab. Bisher nicht.

ANDRÉ BRETON: Warum bisher nicht?

MARCEL NOLL: Was weiß ich.

ANDRÉ BRETON: Aragon, selbe Frage.

LOUIS ARAGON: Wenn es eine Frau ist, die ich überhaupt nicht kenne...

ANDRÉ BRETON: Selbstverständlich.

LOUIS ARAGON: Nein, ich ergreife diese Initiative nicht. Weil meine Begierde sich nicht auf diese Art ausdrückt. 1. Ich denke eher daran, sie auszuziehen als mich. 2. Eine Frau auszuziehen ist etwas, das eine gewisse Zeit dauern kann, mich selbst auszuziehen dagegen nimmt gar keine Zeit in Anspruch.

ANDRÉ BRETON: Wartest du, bis sie fertig ist, bevor du ins Bett gehst?

LOUIS ARAGON: In einem solchen Fall gehe nicht ich ins Bett. Wir gehen ins Bett.

ANDRÉ BRETON: Morise, selbe Frage.

MAX MORISE: Ich denke nicht.

ANDRÉ BRETON: Warum nicht?

MAX MORISE: *(Lange Pause)*

LOUIS ARAGON: Selbe Frage.

ANDRÉ BRETON: Nein, zumindest was die Frage angeht, ob ich auf eine Frau im Bett warten würde. 2. Weil ich bei einer Frau niemals den Eindruck erwecken will, ich sei in Eile, wenn ich es nicht bin. 3. Nein, ich warte nicht, bis sie fertig ist.

BENJAMIN PÉRET: Wäscht Morise sich vor einer Frau nach dem Beischlaf?

ANDRÉ BRETON: Hat Noll sich jedes Mal nach dem Beischlaf gewaschen?

MAX MORISE: (1. Frage) Nein.

MARCEL NOLL: (2. Frage) Nein, nicht immer.

ANDRÉ BRETON: Warum manchmal?

MARCEL NOLL: Weil ich die Male, als ich es nicht tat, einfach nicht daran gedacht habe. Ich hatte andere Dinge im Kopf.

ANDRÉ BRETON: Da kann man sich schon ein wenig fragen, welche.

LOUIS ARAGON: Ich wasche mich, wenn ich schmutzig bin. Eine Frau kann mich nicht beschmutzen. Ich wische mich höchstens ab.

ANDRÉ BRETON: Du selbst kannst dich beschmutzen.

LOUIS ARAGON: Das kommt so selten vor.

BENJAMIN PÉRET: Ich wasche mich hinterher immer. Es ist mir nur einmal passiert, daß ich mich nicht gewaschen habe, als die Frau darauf bestand, daß ich nicht weggehe.

ANDRÉ BRETON: Ich wasche mich immer außer nach 69.

BENJAMIN PÉRET: Das ist verständlich.

ANDRÉ BRETON: Mag Aragon es, wenn eine Frau sich wäscht, bevor er mit ihr schläft?

LOUIS ARAGON: Ich sehe darin keinerlei Nachteil. Das interessiert mich nicht im geringsten. In manchen Fällen könnte es mich wegen der Körperhaltung der Frau interessieren, aber nicht wegen des Vorgangs.

ANDRÉ BRETON: Morise?

MAX MORISE: Nein.

ANDRÉ BRETON: Noll?

MARCEL NOLL: Überhaupt nicht. Abscheu vor allen Toilettenutensilien.

ANDRÉ BRETON: Péret?

BENJAMIN PÉRET: Egal.

MARCEL NOLL: Breton?

ANDRÉ BRETON: Das interessiert mich leidenschaftlich.

Was denkt Noll über den Helden in einer Erzählung von Boccaccio, der einschläft, während die Frau, mit der er geschlafen hat, sein Geschlecht in der Hand hält? Würde er im gegebenen Fall diese Rolle einnehmen?

MARCEL NOLL: Auf jeden Fall.

ANDRÉ BRETON: Aragon?

LOUIS ARAGON: Man kann über jeder beliebigen Vorstellung einschlafen, wie schon Paul Valéry sagte.

ANDRÉ BRETON: Morise?

MAX MORISE: Das scheint mir richtig.

ANDRÉ BRETON: Péret?

BENJAMIN PÉRET: Ich halte es nicht für möglich, unter derartigen Bedingungen zu schlafen.

ANDRÉ BRETON: Sehr gut. Ganz eindeutig.
Akzeptiert Morise, daß eine Frau sein Geschlecht berührt, wenn es nicht erigiert ist?

MAX MORISE: Warum nicht?

ANDRÉ BRETON: Péret?

BENJAMIN PÉRET: Auf gar keinen Fall. Ich würde mich erniedrigt fühlen.

ANDRÉ BRETON: Ich stimme dieser Aussage voll und ganz zu. Noll?

MARCEL NOLL: Ich verabscheue das.[3]

ANDRÉ BRETON: Aragon?

LOUIS ARAGON: Wenn eine Frau mein Geschlecht nur berühren würde, wenn es erigiert ist, dann täte sie dies nicht allzu häufig.

BENJAMIN PÉRET: Morise, Sie stellen sich eine Frau in der allerkritischsten oder allerniedrigsten physischen Verfassung vor, wie bei Huysmans geschildert. Welchen Einfluß hat diese Vorstellung auf die Lust, die Sie auf diese Frau haben können?

MAX MORISE: Ich beschwöre solche Vorstellungen nicht herauf.

LOUIS ARAGON: Bei einer Frau, die ich liebe, gibt es keine niedrigen Vorstellungen.

MARCEL NOLL: Ich beschwöre sie nicht herauf. Selbst wenn sie sich einstellen würden, hätten sie keinerlei Einfluß.

BENJAMIN PÉRET: Woher weißt du das denn, wenn es dir noch nicht passiert ist?

MARCEL NOLL: Ich nehme es an aufgrund der Vorstellung, die ich von der Liebe habe.

ANDRÉ BRETON: Bei der leidenschaftlichen Liebe in ihrer heftigsten Form müssen diese körperlichen Vorstellungen sehr packend sein.

BENJAMIN PÉRET: Wenn es sich um eine Frau handelt, die ich liebe, kann mich keine Verfassung mit Abscheu erfüllen. Sie befriedigen mich alle.

LOUIS ARAGON: Péret, schämst du dich deiner Lust?

BENJAMIN PÉRET: Überhaupt nicht.

LOUIS ARAGON: Erscheinen dir die äußeren Zeichen dieser Lust (Schreie, Seufzer, Flüche etc.) wünschenswert?

BENJAMIN PÉRET: Das passiert mir äußerst selten, aber es geniert mich nicht. (Im ganzen etwa zehnmal.)

LOUIS ARAGON: Noll?

MARCEL NOLL: I. Nein. 2. Diese Schreie und andere Äußerungen werden vom Begehren selbst erzeugt, und ich schäme mich ihrer nicht.

LOUIS ARAGON: Stößt du Schreie aus?

MARCEL NOLL: Das ist mir schon passiert.

BENJAMIN PÉRET: Ich würde gern wissen, unter welchen Umständen.

MARCEL NOLL: Einmal hat es mich sehr gequält, daß ich die höchste Lust in einem bestimmten Moment hatte, und ich habe gegen diese Lust angeschrien. Das sind aber die einzigen Schreie, die ich bisher bei mir kennengelernt habe.

LOUIS ARAGON: Morise?

MAX MORISE: Keine Scham. 2. Ich würde gern Schreie ausstoßen...

LOUIS ARAGON: Breton?

ANDRÉ BRETON: Nein. Weil ich keine Lust kenne.

BENJAMIN PÉRET: Unter Lust verstehe ich Orgasmus.

ANDRÉ BRETON: Ich spiele mit diesem Vokabular, solange es beliebt. 2. Schreie, äußere Bekundungen, Künstlichkeiten, ja, als Simulation selbstverständlich.

BENJAMIN PÉRET: Aragon?

LOUIS ARAGON: I. Nein, weil ich sehr stolz auf meine Lust bin. 2. Es ist ein paarmal vorgekommen, daß ich gegen meinen Willen «O mein Gott» gesagt habe.[4]

ANDRÉ BRETON: Aragon, du hast gerade mit einer Frau geschlafen, du denkst, du kannst es nochmal tun, du fängst an. Du bist schlaff. Wie fühlst du dich dann?

LOUIS ARAGON: Ich werde sehr traurig.

ANDRÉ BRETON: Was machst du?

LOUIS ARAGON: Ich entschuldige mich, oft sehr unsicher.

ANDRÉ BRETON: Péret?

BENJAMIN PÉRET: Ich versuche es erst gar nicht ein zweites Mal, bevor ich nicht sicher weiß, daß ich es auch kann.

ANDRÉ BRETON: Woher weißt du das?

BENJAMIN PÉRET: Aus einer Art Intuition.[5]

ANDRÉ BRETON: Noll?

MARCEL NOLL: Aufgrund meiner Art und Weise, mit einer Frau zu schlafen, habe ich darin keine Erfahrung. Beim ersten Mal zögere ich meinen eigenen Orgasmus so lange wie möglich hinaus. Danach bin ich fähig, es ein zweites Mal zu machen. Ein drittes oder viertes Mal ist völlig unmöglich.

ANDRÉ BRETON: Morise?

MAX MORISE: Das ist mir schon passiert. Sehr unangenehmes Gefühl.

ANDRÉ BRETON: Unaussprechliche Beklemmung. Ich suche irgendeinen Vorwand und warte verzweifelt auf den Augenblick, wo ich mit Gewißheit weitermachen kann. Es ist eins der Dinge, die die Vorstellung von Zeit in ihrem ganzen Schrecken in mir wachgerufen haben. Es öffnet dem Gedanken an Simulation in der physischen Liebe Tür und Tor.[6]

Was denkt Aragon über «Temperament» bei einer Frau?

LOUIS ARAGON: Im allgemeinen erscheint mir Temperament bei einer Frau der Ursprung aller seltsamen und interessanten Dinge zu sein, persönlich bin ich allerdings einer Frau sehr dankbar, wenn sie es vor mir verbirgt, und ich nehme an, daß alle Frauen, die mir ein schwaches Temperament zu haben schienen, es so gemacht haben.

ANDRÉ BRETON: Noll?

MARCEL NOLL: Ich bin überaus sensibel für das Temperament der Frauen. Dieses Temperament ist mir immer als etwas erschienen, dessen Ursache ich nicht kannte. Es ist etwas, das mich ungeheuer anspornt, das mich sehr berührt.

ANDRÉ BRETON: Morise?

MAX MORISE: Ein Übermaß an Temperament bei einer Frau stößt mich entsetzlich ab.

ANDRÉ BRETON: Péret?

BENJAMIN PÉRET: Ich liebe Frauen mit viel Temperament sehr. Meins wächst proportional mit dem ihren. Breton?

ANDRÉ BRETON: Ich halte in dieser Hinsicht den Mangel oder das Übermaß an Temperament für zwei sehr gefährliche Dinge. Es würde genügen, daß ich veranlaßt wäre, über das Temperament einer Frau nachzudenken, um sie nicht mehr zu lieben.

LOUIS ARAGON: Welche Bedeutung hat für Péret die Vorstellung, die eine Frau sich in physischer Hinsicht von ihm macht, für seine Fähigkeit zur körperlichen Liebe?

BENJAMIN PÉRET: Eine enorme. Wenn eine Frau denkt, daß ich kein Temperament habe, habe ich keins.

MARCEL NOLL: Ich stelle mir niemals vor, was für eine Vorstellung von meinen körperlichen Möglichkeiten eine Frau haben könnte.

LOUIS ARAGON: Breton?

ANDRÉ BRETON: Nieder mit der Frau, die sich in dieser Hinsicht mit mir befaßt hätte!

LOUIS ARAGON: Morise?

MAX MORISE: Ich würde dasselbe sagen.

BENJAMIN PÉRET: Aragon?

LOUIS ARAGON: Ein an sich schon sehr zweifelhafter Erfolg ist der erstbesten Absurdität zu verdanken, die mir in den Sinn kommt. Die Frau ist dafür nicht verantwortlich.

ANDRÉ BRETON: Eine rein fiktive Frage: Péret sähe alle Frauen, mit denen er sexuelle Beziehungen hatte, auf einmal, zum Beispiel in einem Café sitzend, und etwas beiseite stünde die, die er liebt oder zu lieben glaubt. Was würde er tun?

BENJAMIN PÉRET: Bestürzt fliehen.

ANDRÉ BRETON: Aragon?

LOUIS ARAGON: Ich hoffe, daß ich geistesgegenwärtig genug wäre, diejenige, die ich liebe, von diesem schrecklichen Ort wegzuschaffen.

ANDRÉ BRETON: Noll?

MARCEL NOLL: Das könnte nur in einem Alptraum passieren. Ich würde das Café in Begleitung einer dieser Personen, die nicht zwangsläufig die wäre, die ich liebte, verlassen.

LOUIS ARAGON: Breton?

ANDRÉ BRETON: Ich glaube, ich würde eine große Rede halten. Die Schlußfolgerung dieser Rede wäre... [7]

LOUIS ARAGON: Was hältst du von Scham bei Frauen, Breton?

ANDRÉ BRETON: Ich habe eine denkbar schlechte Meinung darüber. Wenn die Frau sehr schön ist, sehe ich keine Entschuldigung dafür.

LOUIS ARAGON: Péret?

BENJAMIN PÉRET: Das setzt mir mächtig zu. Das ist völlig entmutigend.

ANDRÉ BRETON: Morise?

MAX MORISE: Das erscheint mir sehr wichtig und interessant. Es ist etwas, dessen Abwesenheit alle Beziehungen verändern würde.

MARCEL NOLL: Ich finde Scham völlig unvereinbar mit der Vorstellung, die ich von der Frau habe.

ANDRÉ BRETON: Aragon?

LOUIS ARAGON: Ich verabscheue Jungfrauen. Ich habe immer nur mit richtigen Frauen zu tun gehabt, die wußten, was Liebe ist, und keine Anstalten machten.

ANDRÉ BRETON: Ich möchte Péret darum bitten, eine imaginäre Frau zu beschreiben, die ihn besonders in Versuchung führen würde. Augen, Haare, Brüste, Größe, Hintern, Beine.

BENJAMIN PÉRET: Augen apfelgrün und sehr groß, schwarze Haare mit blauem Schimmer. Kleine Brüste, auseinanderstehend und hoch. 1,65 m bis 1,70 m. Draller Hintern. Schlanke Beine, die Wade in der Mitte des Beins.

ANDRÉ BRETON: Irgendwelche besonderen Kennzeichen?

BENJAMIN PÉRET: Dasselbe, das ich an der Leiste habe, eine «Kaffeebohne».

ANDRÉ BRETON: Noll?

MARCEL NOLL: Schwarze Augen, sehr lange Wimpern, ziemlich schmale Augenbrauen, schwarze Haare, auseinanderstehende Brüste, Größe 1,64 m, junger Hintern, ziemlich lange Beine, besondere Kennzeichen: keine.

ANDRÉ BRETON: Aragon?

LOUIS ARAGON: Die Frau, die mich in Versuchung führen würde, könnte dies weder wegen ihrer Augen noch wegen ihrer Haare, Brüste, Größe, ihres Hinterns oder ihrer Beine, sondern durch ihren Ausdruck, der völlig unbeschreiblich ist.

Viertes Gespräch

15. Februar 1928

André Breton, Marcel Duhamel, Jean Genbach[1]*, Max Morise, Pierre Naville, Jacques Prévert, Yves Tanguy, Pierre Unik.*

JEAN GENBACH: Ich bin bestürzt darüber, daß Sie sich mit der Frage der Sexualität in physiologischer Hinsicht befassen, daß Sie sie von der Liebe trennen können.

ANDRÉ BRETON: Davon war niemals die Rede.

JEAN GENBACH: Ich lebe nur, um eine Frau zu finden, und alles andere ist mir schnurz, nichts existiert außer dieser Frau.[2] Ich habe Ihnen gesagt, daß die Sexualität nicht existiert, es gibt nur die Liebe. Das müßte Sie erzittern lassen, Sie überwältigen.

ANDRÉ BRETON: Wir werden fünf Minuten lang herzlich lachen. Die sexuelle Frage überwältigt mich nicht. Ich beherrsche sie im Namen der Liebe.

JEAN GENBACH: Es gibt Liebe in den Eingeweiden und im Gehirn.

MAX MORISE: Was verstehen Sie unter Eingeweiden im Gegensatz zum Gehirn?

JEAN GENBACH: Ich meine damit alle meine Nervenfasern, mein ganzes Selbst, das, was man unter dem Begriff Seele verstehen kann.

ANDRÉ BRETON: Die Seele existiert nicht.

JEAN GENBACH: Ich behaupte, daß die Seele existiert, und genau deshalb verstehe ich mich mit Ihnen nicht. Der Begriff der Seele ist mir näher und gewohnter als der Begriff des Geistes.

MAX MORISE: Verstehen Sie unter Seele das, was sich vom Körper unterscheidet?

JEAN GENBACH: Nein. Sie wollen wohl über Dualismus sprechen?

ANDRÉ BRETON: Was ist die Seele?

JACQUES PRÉVERT: Ich weiß nicht, ob man diese Frage stellen kann.

MAX MORISE: Ich drücke es genauer aus. Worin ist der Begriff der Seele dem Begriff von Geist und Körper oder dem vom Geist überlegen?

JEAN GENBACH: Weil ich mit dem Geist verstehe, während die Seele ein physischer, psychischer, emotionaler, ganzer Teil meiner selbst ist, der mich meistens mit dem Mysterium und dem Unbekannten konfrontiert. Verstehen erfüllt mich mit keiner großen Befriedigung.

ANDRÉ BRETON: Es ging hier niemals um Seele oder Geist, oder um Verstehen um des Verstehens willen, noch um Fühlen um des Fühlens willen, es ging darum zu leben.

JEAN GENBACH: Wenn es darum geht, zu leben und konkret zu sprechen, dann bin ich besessen und glücklich, von einer liebenden Begierde besessen zu sein. Ich beherrsche mich nicht, ich besitze mich nicht. Ich weiß nicht, wovon eine Ordnung ausgehen könnte, die behaupten würde, daß besitzen besser ist als besessen zu sein.

ANDRÉ BRETON: Diese metaphysischen Überlegungen interessieren mich nicht, und ich gedenke die Diskussion weiter fortzuführen.

JEAN GENBACH: Ich ziehe es dann vor, einfach nur auf Ihre Fragen zu antworten.

ANDRÉ BRETON: Ich erkläre zu dieser Sache, daß es unzulässig ist, daß Genbach diese Diskussion in ein Gebiet lenkt, in dem sie nichts zu suchen hat, daß wir alle, denke ich mir, seiner persönlichen Vergangenheit die größte Beachtung schenken, aber daß die Frage nach Besessenheit oder Beherrschung – wovon? – sich hier nur in einer rein formalen Art gestellt hat, der ich keine Bedeutung beimesse. Und nun würde ich gern wissen, was Genbach über Homosexualität denkt.

JEAN GENBACH: Ich finde es sehr gut, wenn es leidenschaftliche und unwiderstehliche Liebe gibt. Ich verstehe nicht, wie man das eine Geschlecht dem anderen entgegensetzen kann.

ANDRÉ BRETON: Und die Möglichkeit des gleichzeitigen Orgasmus von Mann und Frau?

JEAN GENBACH: Ich habe bisher immer gedacht, daß eine Frau, wenn ich mit ihr schlafe, dann zum Orgasmus gelangt, wenn ich es will.

ANDRÉ BRETON: Größenwahnsinnige Idee. Da Genbach den Geist nicht dem Körper entgegensetzt, frage ich, ob er den Körper der Seele entgegensetzt.

JEAN GENBACH: Niemals. In der Sprache bediene ich mich solcher Dinge, aber ich glaube nicht, daß es da einen großen Gegensatz gibt. Was andere meinen Körper nennen, ist meine Seele.

MAX MORISE: Was hat für Sie die Liebe mit Gott zu tun?

JEAN GENBACH: Ich weiß nicht, ob das etwas aussagen kann. Weil ich nichts anderes antworten kann, als daß ich Gott bin und daß ich alles, was ich berühre, vergöttliche. Ich kann daraus keinerlei Gegensätze herstellen. Es ist eine Einheit.

PIERRE NAVILLE: Ist der Zölibat für Priester wünschenswert?

JEAN GENBACH: Das ist mir egal. Wenn das eine experimentelle Frage ist, dann habe ich eine ziemlich gewöhnliche Vorstellung von dem, was passiert. Abgesehen davon gibt es überhaupt keine Priester mehr. Es ist ein Liebesstrahlen in allem.

ANDRÉ BRETON: Pantheismus.

JEAN GENBACH: Ich bin sehr erstaunt über genau diesen Panpsychismus, den Sie in alles hineinlegen.

ANDRÉ BRETON: Keine Spur davon.

PIERRE NAVILLE: Kann ein Priester, der nach den Geboten lebt, eine Frau lieben?

JEAN GENBACH: Natürlich. Ich habe Schwierigkeiten, darin Hindernisse zu sehen, ganz einfach, weil ich schon immer revoltiert habe, seit fünf, sechs Jahren.

ANDRÉ BRETON: Sie akzeptieren die Spielregeln nicht.

JEAN GENBACH: Ich habe Ihnen schon gesagt, was ich von dieser Diskussion halte.

ANDRÉ BRETON: Dann nehmen Sie nicht daran teil. Meines Erachtens ist Ihre Obstruktion von Komplexen abhängig, die wir in Ihnen erahnen, ganz schlicht und einfach. Es handelt sich hier nicht um philosophische Diskussionen.

MARCEL DUHAMEL: Sie haben gesagt, daß Sie die Sexualität verleugnen.

JEAN GENBACH: Im Gegensatz zur Liebe. Ich sehe nur einen Sinn im Leben: lieben und begehren.

MARCEL DUHAMEL: Sie weigern sich darüber zu diskutieren, über die Begierde und die Liebe.

JEAN GENBACH: Stellen Sie mir konkrete Fragen. Soll ich Ihnen erzählen, daß eine der Sachen, die ich am liebsten mag, die ist, das Geschlecht einer bekleideten Frau zu streicheln, eine Sache, die mich abstößt, wenn die Frau nackt ist? Ich bin erstaunt, daß Sie sie nicht für sich behalten ... Ihre ... [3]

ANDRÉ BRETON: Ich würde sagen, das ist eine armselige Art, diese Frage zu stellen.

JEAN GENBACH: Welche Frage?

ANDRÉ BRETON: Die sexuelle Frage.

JEAN GENBACH: Ich verstehe nicht, warum man solche Fragen stellt.

MARCEL DUHAMEL: Ich finde, daß Scham etwas Falsches ist. Weil es dabei nur um die Scham selbst geht.

JEAN GENBACH: Sie wissen alle sehr gut, daß Sexualität nicht existiert.

ANDRÉ BRETON: Ich protestiere. Ich weiß das nicht. Sexualität ist ein Wort wie jedes andere, zur Definition im Lexikon geeignet.

JEAN GENBACH: Ich glaube das Gegenteil.

ANDRÉ BRETON: Das ist schlicht und einfach Scham. Das Geschlecht einer Frau zu streicheln, ist das für Sie kein sexuelles Phänomen?

JEAN GENBACH: Das ist ein Phänomen der Liebe.

ANDRÉ BRETON: Das ist das erste Mal, daß sich in einer solchen Diskussion eine Person absichtlich so quer stellt. Es ist unmöglich, so weiterzumachen. Ihre Monts St. Michel, Ihre ekstatischen Jungfrauen interessieren mich nur im Zusammenhang mit Ihrer Sexualität. Wenn mich das aus reiner Lust am Pikanten interessieren würde, hielte ich mich für einen Spinner.

MARCEL DUHAMEL: Sie begehren eine Frau. Wie offenbart sich dieses Begehren?

JEAN GENBACH: Ich sage niemals: «Ich begehre eine Frau.» Ich sage: «Ich begehre Florine Artus, die da und da wohnt.» Dieser Hang zum Benennen, zur Definition ...

MARCEL DUHAMEL: Als Sie das erste Mal masturbiert haben, dachten Sie dabei an eine Frau?

JEAN GENBACH: Ja. Ich habe das während des Krieges vor einer Kompanie von Amerikanern gemacht, die Geschichten mit Mädchen aus der Fabrik hatten.

MARCEL DUHAMEL: Liebten Sie zu dieser Zeit eine Frau?

JEAN GENBACH: Ich glaube, das kann ich nicht so genau sagen, denn das richtete sich damals nicht spezifisch auf Personen, wie 3 Monate, 1 Jahr oder 10 Jahre später.

PIERRE NAVILLE: Machen Sie einen Unterschied zwischen dem Masturbieren und dem Liebesakt?

JEAN GENBACH: Ja, es ist immer in Ermangelung von...[4] Aber ich masturbiere lieber und denke dabei an eine Frau, die ich liebe, anstatt mit irgendeiner Frau zu schlafen, die mich erregt, die ich aber nicht liebe.
Ich nehme am liebsten eine Photographie zur Hand, auf der die Frau nackt ist, oder halbnackt.

MARCEL DUHAMEL: Wenn Sie mit einer Frau schlafen, führen Sie dann also ihren Orgasmus in dem Moment herbei, in dem Sie es wollen?

JEAN GENBACH: Ja, das ist immer so.

ANDRÉ BRETON: Welches Verhältnis? Wieviel %?

JEAN GENBACH: Nun ja, ich habe fünfmal in meinem Leben mit einer Frau geschlafen, und... diese fünf Male war es so.

MAX MORISE: Woran merken Sie das?

JEAN GENBACH: Weil man es leicht merkt, wenn die Frau in eine gewisse Ekstase fällt.

ANDRÉ BRETON: Vertrauen Sie diesen Zeichen völlig?

JEAN GENBACH: Ich kann in dieser Hinsicht keine Zweifel haben. Das ist einfach so.

PIERRE NAVILLE: Duhamel, machst du dir bei der Liebe immer Gedanken darüber, ob die Frau genauso viel Lust dazu hat wie du?

MARCEL DUHAMEL: Nicht immer. In einem gewissen Maße berücksichtige ich das. Wenn die Frau nicht den Wunsch hat, mit mir zu schlafen, dann interessiert es mich auch nicht. Ich glaube, daß die Begierde des einen ein Minimum an Begierde beim anderen hervorruft.

ANDRÉ BRETON, BENJAMIN PÉRET, YVES TANGUY, PIERRE UNIK: Gar keine Frage!

MARCEL DUHAMEL: Nein, das ist völlig falsch. Übrigens wird mir das jetzt klar.

PIERRE NAVILLE: Bis zu welchem Alter kann deiner Meinung nach ein Mann Lust mit einer Frau empfinden?

MARCEL DUHAMEL: Ich glaube ... es ist nicht möglich, ein Alter festzulegen. Keine Ahnung.

YVES TANGUY: Ich setze die Grenzen so spät wie möglich an.

ANDRÉ BRETON: Mindestens bis zu seinem Tod.

PIERRE UNIK: Wenn Sie eine Frau lieben, versuchen Sie dann sofort, ihr Ihre Liebe zu zeigen, Genbach?

JEAN GENBACH: Ja, sofort. Wenn ich sofort ihre Brüste in meine Hände nehmen kann.

PIERRE NAVILLE: Unik versteht darunter nur physische Äußerungen.

JEAN GENBACH: Ich glaube nicht daran, daß man sich auf andere Weise ausdrücken kann.

PIERRE NAVILLE: Ich kann den Moment, von dem an ich eine Frau liebe, nicht klar bestimmen. Es gibt folglich einen Moment, wo ich es ihr zeige, ich weiß weder wie noch warum.

YVES TANGUY: Wenn Sie im wachen Zustand ein Verlangen verspüren, können Sie Ihren Traum danach ausrichten?

ANDRÉ BRETON: Unmöglich. Aber wenn mir das Glück zu Hilfe kommt, dann gelingt es mir, im Traum die Dinge zu erlangen, die ich in der Realität nicht erhalte. Im ganzen ist das ein wenig besser. Es scheint so, als ob es eine Art Kompensation ist.

PIERRE NAVILLE: Stößt es Sie ab, mit einer Frau zu schlafen, die nicht weiß ist?

MARCEL DUHAMEL: Das ist mir noch nicht passiert, aber ich glaube nicht, daß es mich abstößt.

ANDRÉ BRETON: Mit jeder nicht weißen Frau, vorausgesetzt, es ist keine Negerin.

PIERRE NAVILLE: Stößt Sie das rein physisch ab?

ANDRÉ BRETON: Ja, und außerdem die Vorstellung von Kindern, was ja immer möglich ist.

YVES TANGUY: Naville, hast du dir unter derartigen Umständen jemals ein Kind vorgestellt?

PIERRE NAVILLE: Niemals.

ANDRÉ BRETON: Ist Genbach jemals im Bordell gewesen?

JEAN GENBACH: Ja.

ANDRÉ BRETON: Haben Sie mit einer Frau geschlafen?

JEAN GENBACH: Ja.

MAX MORISE: Wie viele Male?

JEAN GENBACH: Dreimal. Zwei andere Male habe ich mit einer Frau geschlafen, die ich liebte. Genau da mache ich einen Unterschied.

PIERRE NAVILLE: Genbach, wenn eine Frau Sie leidenschaftlich liebt und auf Sie zukommt, geben Sie ihr nach?

JEAN GENBACH: Das ist mir gestern passiert. Eine Frau sagte zu mir: «Ihre Krawatte gefällt mir, ich würde gern Ihren Schwanz lecken.»

ANDRÉ BRETON: Haben Sie das akzeptiert?

JEAN GENBACH: Natürlich.

ANDRÉ BRETON: Ist das für Sie kein Verkehr?

JEAN GENBACH: Nein. Ich nenne das ein kleines Vergnügen, das ich dieser Frau verschaffe.

ANDRÉ BRETON: Ist Ihnen das denn schon so oft passiert?

JEAN GENBACH: Ja, in Plombières, die alte Catérisé.

MAX MORISE: Sie sind nicht mit ihr ins Bett gegangen?

JEAN GENBACH: Doch, ich habe gemacht, was sie wollte, aber das ist für mich kein Verkehr.

ANDRÉ BRETON: Das ist also reine Philanthropie?

JACQUES PRÉVERT: Was nennen Sie Verkehr?

JEAN GENBACH: Wenn ich selbst, aus eigenem Antrieb, eine Frau aufsuche. Das ist eine ganz andere Motivation.

PIERRE NAVILLE: Wenn ich in meinem Testament verfüge, daß Genbach mit meiner Leiche schlafen soll, würden Sie das tun?

JEAN GENBACH: Sicher.

MARCEL DUHAMEL: Schlafen Sie lieber mit dieser alten Frau oder mit einer Leiche?

JEAN GENBACH: Mit der Leiche, unter der Bedingung, daß niemand es weiß, im verborgenen.

ANDRÉ BRETON: Stellen Sie sich vor, die Frau, die Sie lieben, ist tot. Sie haben sie niemals besessen, aber es wäre jetzt, wo sie tot ist, für Sie ein leichtes, sie zu besitzen, würden Sie das tun?

JEAN GENBACH: Ich glaube nicht. Ich würde zum Beispiel voller Bewunderung ihr Geschlecht küssen, um sie zu mumifizieren oder zu pharaonisieren.

MARCEL DUHAMEL: Sie haben mir erzählt, daß die erste sexuelle Erfahrung, an die Sie sich erinnern, im Krieg war. War das Ihre erste Erinnerung?

JEAN GENBACH: Ja. Ich liebte eine meiner Tanten, eine ganz junge. Ich habe eine vage Vorliebe für eine Erinnerung an Frauenbrüste wie Kopfkissen. Ich verabscheue es, den Rücken einer Frau zu sehen. Wenn eine Frau mich darum bittet, ihren Rücken zu streicheln oder ihren Hintern zu küssen, graut es mir vor dem Hintern.

ANDRÉ BRETON: Nicht sehr dämonisch. Und Sie, lassen Sie sich gern auf den Hintern küssen?

JEAN GENBACH: Nein.

ANDRÉ BRETON: Immer weniger dämonisch.

JEAN GENBACH: Ich glaube, daß diese Auffassung völlig falsch ist. Sie anthropomorphisiert den Teufel.

MARCEL DUHAMEL: Was halten Sie von schwarzen Messen?

JEAN GENBACH: Sie müssen im stillen abgehalten werden, zwei- oder dreimal, und ich verabscheue jegliche Unanständigkeit auf diesem Gebiet.

MARCEL DUHAMEL: Was nennen Sie Unanständigkeit?

JEAN GENBACH: Sodomie zum Beispiel.

ANDRÉ BRETON: Kurz und gut, Sie verabscheuen schwarze Messen.

JEAN GENBACH: Nein, ich kann nur wiederholen, daß ich nicht die gewöhnlichen Auffassungen zu diesem Thema teile. Ein Priester kann eine schwarze Messe allein mit einer Frau abhalten.

ANDRÉ BRETON: Das ist einfach nur ein Sakrileg, das ist keine schwarze Messe.
Hier haben wir eine satanische Person, die etwas gegen Sabbatküsse hat, gegen schwarze Messen, etc ...

JEAN GENBACH: Ich verabscheue jegliche Sodomie.

PIERRE NAVILLE: Was denken Sie über den Sukkubus?

JEAN GENBACH: Das ist eine konkrete Sache, die regelmäßig passiert.

ANDRÉ BRETON: Erläutern Sie das.

JEAN GENBACH: Ich masturbiere zum Beispiel und denke dabei an eine Frau.

ANDRÉ BRETON: Es geht um den Sukkubus, das hat damit nichts zu tun.

JEAN GENBACH: Das hängt zusammen.

ANDRÉ BRETON: Willkürliche Meinung. Sie sind gegen den Sukkubus, wenn sie glauben, daß das Onanie ist.

JEAN GENBACH: Ja, das glaube ich.

ANDRÉ BRETON: Der Sukkubus ist nichts Imaginäres. Es handelt sich um genau definierte nächtliche Vorkommnisse.

JEAN GENBACH: Ich kann mich zur Onanie getrieben fühlen, um den Sukkubus anzuziehen. Ich kann sagen, daß die vorhin erwähnte Frau ein Sukkubus ist.

ANDRÉ BRETON: Es handelt sich nicht um reale Frauen. Wir kennen sie nicht. Wir rufen sie nicht herbei. Sie kommen einfach und erregen uns.

JEAN GENBACH: Warum sollte ich sie nicht kennen?

ANDRÉ BRETON: Sie reden von einer realen Frau ... Das ist wie bei Geistern. Wir sollten sie nicht mit lebenden Personen unserer Welt verwechseln. Man muß zuerst die unterscheiden, die gestorben sind. Man kann reale Personen und Geister nicht ineinssetzen.

Konfuse Diskussion über Geister

ANDRÉ BRETON: Sie glauben nicht an Häuser, in denen es spukt?

JEAN GENBACH: Doch ... Doch ... Die allergrößte Freiheit ist möglich. Ich möchte, daß man mir beweist, daß eine Frau lebendig ist.

ANDRÉ BRETON: Orthodoxer Materialismus.

JEAN GENBACH: Alle Lebewesen sind gleich. Ob lebendig oder nicht.

ANDRÉ BRETON: Ich stelle mich dieser Interpretation absolut entgegen. Der Koeffizient des Lebens ist doch variabel.

JEAN GENBACH: Ich muß allerdings die Geschichte, die Ereignisse berücksichtigen ... Ich habe zum Beispiel aufgrund meiner nächtlichen Lektüre eine realere Idee von Lautréamont als von Rimbaud.

ANDRÉ BRETON: Sprechen wir doch von Baudelaire und Poincaré. Befinden sie sich auf derselben Ebene? Sie können nicht leugnen, daß einer von beiden lebt. Eine lebendige Frau ist etwas anderes als eine tote.

JEAN GENBACH: Ich kann da nicht so kategorisch sein wie Sie.

ANDRÉ BRETON: Der Tod einer Frau, die Sie lieben, kann Ihnen nicht gleichgültig sein. Es ist nicht das Gleiche.

JEAN GENBACH: Das ist offensichtlich ... Ich kann nicht systematisch antworten.

ANDRÉ BRETON: Ich selbst könnte auch nicht sehr gut darauf antworten. Genau deshalb wenden wir uns wieder den konkreten Tatsachen zu. Den Tatsachen der allereinfachsten Liebe.

Genbach zeigt sein Erstaunen über unser Bemühen nach Konkretem. Er ist für Konfusion.

ANDRÉ BRETON: Was würde Genbach davon halten, Kinder zu haben?

JEAN GENBACH: Daran denke ich nie. Ich sollte daran denken ... Ich muß das Unmögliche tun, um keine zu haben. Ich weiß nicht, warum. Um die Farce nicht zu wiederholen. Um nicht mehr in die Sache verwickelt zu sein. Um nicht in jeder Sekunde zu Tode erschrocken zu sein, ziehe ich es vor zu glauben, daß der Rest ein Scherz ist.

ANDRÉ BRETON: Prévert? Lieben Sie Kinder? Was halten Sie davon, eins zu haben?

JACQUES PRÉVERT: Es müßte sofort umgebracht werden.

ANDRÉ BRETON: Warum? Wenn es nett wäre?

JACQUES PRÉVERT: Es hätte keine Zeit dazu, nett zu sein, weil ich es schon vorher umbringen würde.

ANDRÉ BRETON: Tanguy?

YVES TANGUY: Ich finde das abscheulich. Ich könnte nicht sagen, warum.

ANDRÉ BRETON: Duhamel?

MARCEL DUHAMEL: Weil ich nicht für das Leben eines anderen verantwortlich sein wollte.

ANDRÉ BRETON: Naville?

PIERRE NAVILLE: Ich finde das bedauerlich.

ANDRÉ BRETON: Warum?

PIERRE NAVILLE: Weil es bedeutungslos und peinlich wäre.

ANDRÉ BRETON: Morise?

MAX MORISE: Um mich nicht in dieselbe Lage zu bringen wie mein Vater.

PIERRE NAVILLE: Und Breton?

ANDRÉ BRETON: Ich bin absolut dagegen. Wenn es mir trotz allem passieren würde, würde ich es so einrichten, daß ich es niemals zu sehen bekäme. Die Sozialfürsorge hat ihre guten Seiten. Der traurige Scherz, der mit meiner Geburt begann, muß mit meinem Tod ein Ende finden. Dennoch behalte ich mir das Recht vor, meine Meinung zu ändern. Es erscheint mir nämlich möglich, daß in einem Fall leidenschaftlicher Liebe, wo per definitionem alles unbesonnen ist, die Meinung einer Frau Vorrang vor meiner haben könnte. Unik?

PIERRE UNIK: Ich möchte auf keinen Fall eins haben, weil das äußerst störend ist. Seine Existenz ist etwas, das ich mir nicht vorstellen kann, ohne zu erschrecken, und wenn man mich vor die Wahl stellte, geboren oder nicht geboren zu sein, würde ich letzteres wählen.

ANDRÉ BRETON: Es wäre schön, dieses Kind gegen seine Geburt protestieren zu sehen. Es würde heftige Fußtritte in die Schnauze kriegen.

PIERRE UNIK: Ich möchte nicht, daß jemand als Folge einer Tat von mir lebt. Das ist das Verabscheuungswürdigste, was ich tun könnte.

ANDRÉ BRETON: Ich bin gegen jede Vorstellung von Verantwortlichkeiten, die bei dieser Gelegenheit erhoben werden könnten.

PIERRE UNIK: Ich erkenne niemandem das Recht zu, den Ausdruck «Kinder haben» zu gebrauchen. Es gibt keine Väter.

ANDRÉ BRETON: Kinder haben keine Väter, aber einige Leute nehmen sich im Namen der Vaterschaft [Rechte][5] auf die Kinder heraus. Was denken Sie über eine schwangere Frau, Duhamel?

MARCEL DUHAMEL: Sie stößt mich zutiefst ab.

YVES TANGUY: Ich denke dabei sofort an Kaiserschnitt.

PIERRE UNIK: Ich mag den Gedanken nicht.

JEAN GENBACH: Mich würde das überhaupt nicht stören, nicht mehr als ihr Gedärme im Bauch, wenn nicht das Schwellen des Unterleibs wäre.

ANDRÉ BRETON: Naville?

PIERRE NAVILLE: Ich bedauere sie.

JACQUES PRÉVERT: Es ist lustig, wenn sie häßlich ist, aber traurig, wenn sie schön ist.

ANDRÉ BRETON: Sehr gut.

PIERRE UNIK: Wie finden Sie die Aussicht, impotent zu werden?

ANDRÉ BRETON: Das würde mich in tiefste Verzweiflung stürzen.

YVES TANGUY: Sehr traurig.

JEAN GENBACH: Das ist etwas, was ich mir nicht vorstellen kann – eine Hypothese anzunehmen, die mich schmälert.

ANDRÉ BRETON: Der Tod?

PIERRE NAVILLE: Daran denke ich nicht.

ANDRÉ BRETON: Was denkt Unik über die Periode bei Frauen?

PIERRE UNIK: Ich habe immer versucht, diesen Gedanken beiseite zu schieben, weil er mir peinlich ist.

ANDRÉ BRETON: Was halten Sie davon, unter solchen Umständen mit einer Frau zu schlafen?
JACQUES PRÉVERT: Warum?
PIERRE UNIK: Diese Vorstellung ist mir ein Greuel.
ANDRÉ BRETON: Aus körperlichen oder moralischen Gründen?
PIERRE UNIK: Aus moralischen. Es ist das Bild der physischen Gebrochenheit, des physischen Elends.
ANDRÉ BRETON: Morise?
MAX MORISE: Es ist etwas, das ich nicht aus praktischer Anschauung kenne, woran ich nicht denke, weil es mich nicht stört. Ich würde nicht mit einer Frau schlafen, die ihre Periode hat.
ANDRÉ BRETON: Warum nicht?
MAX MORISE: Weil es nicht sauber ist.
ANDRÉ BRETON: Was ist dabei schmutzig?
MAX MORISE: *(Stille)*
ANDRÉ BRETON: Naville?
PIERRE NAVILLE: Der Anstand gebietet es, sich den Regeln anzupassen.
ANDRÉ BRETON: Schlafen Sie mit einer Frau, die Ihre Regel hat?
PIERRE NAVILLE: Darauf antworte ich nicht.
PIERRE UNIK: Tanguy?
YVES TANGUY: Ich finde das sehr angenehm.
ANDRÉ BRETON: Warum?
YVES TANGUY: Wegen der Farbe und des Geruchs.
ANDRÉ BRETON: Duhamel?
MARCEL DUHAMEL: Mich stört die Binde.
ANDRÉ BRETON: Warum verabscheuen Sie diese Dinge?
MARCEL DUHAMEL: Das hat so etwas von Krankenhaus, Binden mit Blutflecken. Aber hält mich nicht immer davon ab, mit einer Frau zu schlafen.
ANDRÉ BRETON: Genbach?
JEAN GENBACH: Es gibt eine Sache, die ich nicht mag, nämlich daß Frauen urinieren und defäkieren wie Männer. Ich weiß erst seit 2 Jahren, daß Frauen ihre Periode haben. Deshalb stößt mich das ab. Ich habe den Eindruck, betrogen worden zu sein.
ANDRÉ BRETON: Aber jetzt, wo Sie es wissen?
JEAN GENBACH: Ich glaube nicht, daß eine Frau, die ich liebe, so etwas hat.

JACQUES PRÉVERT: Das kleidet sie doch sehr gut.
Für mich gibt es da keinen Unterschied, es ist, als ob man mich fragte, ob ich mit einer Frau schlafe, je nachdem ob sie eine Bluse trage oder nicht.

ANDRÉ BRETON: Kein Unterschied. Trotzdem glaube ich nicht, daß es möglich ist, mehrere Stunden lang mit einer Frau zu schlafen, wenn dies in die Zeit ihrer Periode fällt: Es gibt da ein körperliches Hindernis und andererseits die Unmöglichkeit einer befriedigenden psychologischen Beziehung.
Was denkt Genbach über die Idee Batailles, der, in der Absicht, einem Individuum zu schaden, das er verabscheute, von seiner Geliebten ...[6] erhalten hatte.

JEAN GENBACH: Ich verstehe nicht, wie Bataille darin einen Racheakt sehen konnte. Ich habe keine grundsätzliche Meinung zu Spermien.

ANDRÉ BRETON: Unik?

PIERRE UNIK: Wunderbare und raffinierte Rache. An Batailles Stelle hätte ich diesen Mut niemals gehabt.

ANDRÉ BRETON: Können Sie sich mit dieser Person identifizieren?

MARCEL DUHAMEL: Ja.

YVES TANGUY: Nein.

PIERRE NAVILLE: Ich finde das zu ungewiß, um entschieden zu sein. Das Ziel erscheint mir nicht zwangsläufig erreicht.

MAX MORISE: Ich finde das so schön wie etwas ganz und gar Barbarisches.

ANDRÉ BRETON: Ich finde das toll. Es ist eine der sehr seltenen Geschichten, in denen es um absolutes Vertrauen geht; der größte Liebesbeweis, den eine Frau einem Mann erbringen kann.

PIERRE UNIK: Breton, was denken Sie über Sinnlichkeit und wie definieren Sie sie?

ANDRÉ BRETON: Sie interessiert mich nur auf ganz rationale Weise. Ich definiere sie als das einzige Mittel, das geeignet ist, einen phantasievollen Standpunkt zu verschaffen, eine vollständige Befriedigung, und ich verwehre mich dagegen, die Phantasie in anderer Form (sexuelle Symbole) zu sehen. Ich bin entschieden gegen jede Äußerung von physischem Temperament[7]. Geschichte vom *Rideau cramoisi*[8]. Was würden Sie in einem ähnlichen Fall tun?

Fünftes Gespräch

7., 17. oder 27. Februar 1928

Maxime Alexandre, André Breton, Marcel Duhamel, Max Ernst, M.[1], *Marcel Noll, Benjamin Péret, Jacques Prévert, Raymond Queneau, Georges Sadoul, Pierre Unik.*

MAX ERNST: Nachdem ich einige Bruchstücke des Protokolls der vorherigen Treffen gelesen habe, möchte ich gern meine Meinung über den Orgasmus bei der Frau äußern. Meiner Meinung nach hängt alles von dem Vertrauen ab, das man in die Liebe der Frau hat. Ich glaube, bei einigen Frauen einen echten Orgasmus festgestellt zu haben, der nicht durch den Geschlechtsakt selbst, sondern das, was ihm folgte (zum Beispiel Worte) herbeigeführt wurde.

ANDRÉ BRETON: Ich möchte darauf hinweisen, daß es sich dennoch um eine Feststellung eines Phänomens subjektiver Art handelt, was einige von uns zeigen wollten.

MAX ERNST: Was die 3. Frage angeht (Gleichzeitigkeit des Orgasmus), das ist genau das, was ich mir bei der Liebe immer gewünscht habe. Ein einziges Mal habe ich die Gelegenheit gehabt, mit Gewißheit, aber immer noch auf subjektive Weise dieses Phänomen festzustellen, was mir eine ganz und gar vollständige Befriedigung verschafft hat. Wenn Sie mich nach dem Prozentsatz fragen, würde ich sagen 1/2000. Es gibt beim Mann eine besondere Art, den Orgasmus zu erreichen. Geile Männer wollen ihren Orgasmus nach dem Orgasmus. Sie vermeiden die Ejakulation nach dem ersten Orgasmus. Man hält die Ejakulation zurück. Das ist eine Frage von 1/10 Sekunde. Ich habe meinen Orgasmus wohl einige Sekunden vor der Ejakulation.

MARCEL NOLL: Sie haben Ihren Orgasmus vor der Ejakulation?

MAX ERNST: Der Orgasmus kommt vor der Ejakulation.

ANDRÉ BRETON: Das ist eine eigenwillige und subjektive Definition des Orgasmus. Im Augenblick, wo dieser Orgasmus spürbar wird, ist die Ejakulation sozusagen nicht mehr aufzuhalten.

MAX ERNST: Das ist eins der gewaltigsten Probleme unseres Zeitalters. *Indem man bewußter lebt*, kann man sich über den genau richtigen Moment klar werden.

ANDRÉ BRETON: Dennoch haben Sie das bewußte Ergebnis nur einmal unter 2000 erzielt.

BENJAMIN PÉRET: Für mich gibt es nur einen Orgasmus, wenn auch eine Ejakulation stattfindet.

MAXIME ALEXANDRE: Der Orgasmus kommt vor der Ejakulation, kann aber nicht ohne Ejakulation stattfinden.

MAX ERNST: Frage der Physiologie. Ich habe festgestellt, daß Maxime Alexandres Körper anders beschaffen ist als meiner.

MAXIME ALEXANDRE: Ein Orgasmus ohne Ejakulation ist für mich undenkbar.

MAX ERNST: Eine einzige physiologische Ausnahme. Im Traum finden Ejakulation und Orgasmus gleichzeitig statt.

ANDRÉ BRETON: Für mich trifft das nicht zu.

BENJAMIN PÉRET: Für mich auch nicht.

RAYMOND QUENEAU: Auch meine Meinung.

MAX ERNST: Was ich über die Gleichzeitigkeit von Orgasmus und Ejakulation im Traum gesagt habe, so habe ich bei mir festgestellt, daß es einen Orgasmus ohne Ejakulation geben kann, wenn aber eine Ejakulation stattfindet, dann kommt der Orgasmus im selben Moment.

ANDRÉ BRETON: Ich frage mich ein wenig, wie Sie das feststellen können, indem Sie der Erinnerung an einen Traum vertrauen, die doch gar nicht unzuverlässiger sein könnte.

MAX ERNST: Ich habe bisher immer geglaubt, ich sei in dem Moment aufgewacht, in dem ich gleichzeitig einen Orgasmus und eine Ejakulation hatte.

ANDRÉ BRETON: Reine Illusion meiner Ansicht nach: Aus eigener Erfahrung glaube ich zu wissen, daß ich in dem Moment aufwachte, als die Ejakulation zu Ende war. Es hängt von der Position des Geschlechts im entsprechenden Moment ab; dem jeweiligen Gefühl von Feuchtigkeit, Kälte oder Wärme.

MARCEL DUHAMEL, MAXIME ALEXANDRE: Ich glaube, daß das nicht stimmt.

BENJAMIN PÉRET: Was mich angeht, so habe ich mehrere Male

den Eindruck gehabt, daß eine sehr kurze Zeitspanne zwischen Orgasmus und Ejakulation verging.

ANDRÉ BRETON: Du denkst, daß die Ejakulation in dem Moment, in dem man aufwacht, vorbei ist?

BENJAMIN PÉRET: Nein, man erwacht mittendrin.

MAX ERNST: Im Gegenteil, ich ejakuliere, ich habe meinen Orgasmus in dem Augenblick, wo der Traum zerstört ist, im Augenblick des Aufwachens.

RAYMOND QUENEAU: Ich glaube, daß ich ganz kurz vor der Ejakulation aufwache oder daß ich überhaupt nicht aufwache.

MAXIME ALEXANDRE: Ich wache erst danach auf.

ANDRÉ BRETON: Ich wiederhole, daß es angesichts der geringen Verläßlichkeit, die das Gedächtnis im Hinblick auf Träume bietet, und angesichts der Verschiedenheit der Antworten keinen Grund gibt, hier fortzufahren.

MARCEL DUHAMEL: Jedesmal, wenn ich aufgewacht bin, war es die Erinnerung an den Orgasmus, die mich aufgeweckt hat.

ANDRÉ BRETON: Ich gebe zu bedenken, daß noch etwas anderes für die Nicht-Fortsetzung der Ejakulation beim Aufwachen spricht, nämlich daß der Orgasmus nicht andauert, und daß man, wenn er andauerte, die wertvollsten Informationen über das Verhältnis von Traum und Realität hätte.

MAX ERNST: Ich habe gesagt, daß ich meinen Orgasmus im allgemeinen dann habe, wenn der Traum zerstört ist. Der Traum wird ersetzt durch den Willen, den Orgasmus zu erreichen. Die Ejakulation findet statt. Vor nicht allzu langer Zeit passierte es, daß ich in einer Lage, die meiner physiologischen und psychologischen Auffassung von der Liebe entgegengesetzt ist, eine Ejakulation hatte. Im Traum fickte ich einen Mann, und ich wachte im Moment höchster Erregung auf. Im Augenblick des Orgasmus wurde ich mir klar über alle Komplexe, die sich bilden können aufgrund der Tatsache, einen Mann zu ficken, der sich angezogen auf meine Knie setzte, es war sogar ein ganz bestimmter Herr, dessen Namen ich nicht nennen will. Im Wachzustand habe ich bis zum Moment der Ejakulation weitergemacht. Es ist ein Mann, der bei mir physisch, moralisch und in jeder anderen Hinsicht Brechreiz erregt.

ANDRÉ BRETON: Max Ernst hat gesagt, daß für ihn an Stelle des Traumes der Wille zum Orgasmus treten könne. Ich frage, in welchem Maße im Traum und in dem unmittelbar darauf folgenden sehr besonderen Zustand der Verwirrung ein Wille entstehen kann. Andererseits glaube ich, daß die Anekdote, die Max Ernst erzählt hat, überhaupt nur ein einziges Problem aufwirft, nämlich das des Inkubats beim Mann und des Sukkubats bei der Frau.

RAYMOND QUENEAU, MARCEL NOLL: Sehr richtig.

MAX ERNST: Ich denke, daß ein Mann im Traum ein vollständiger Sukkubus sein kann.

ANDRÉ BRETON: Das ist, als ob sich ein Inkubus in der Adresse geirrt hätte.

MAX ERNST: Genau.

RAYMOND QUENEAU: Ich wollte sagen, daß ich meines Wissens nach keine Ejakulation im Traum ohne einen gewissen Willen zum Masturbieren hatte, ich glaube aber, daß ich im Traum schon einen Orgasmus ohne Ejakulation hatte.

MAX ERNST: Einverstanden.

MAXIME ALEXANDRE: Es ist mir sehr oft passiert, daß ich vor dem Einschlafen dachte, daß ich während des Traums einen Orgasmus bekommen könnte. Allerdings hat es diesen Orgasmus in den meisten Fällen nicht gegeben.

ANDRÉ BRETON: Ich stimme Queneau zu. Ich bin sicher, daß es im Traum Orgasmen ohne Ejakulation geben kann.

MAX ERNST, MARCEL DUHAMEL: Ich auch.

ANDRÉ BRETON: 2. Ich wiederhole meine Frage nach dem Willen zum Masturbieren oder allem anderen, das man in den Traum einfließen lassen kann. 3. Zu meinem großen Bedauern glaube ich nicht an die Möglichkeit, im Traum Bilder oder Wünsche aus dem Wachzustand einander folgen zu lassen. Ich habe das oft versucht.

RAYMOND QUENEAU: Wenn ein Wille zum Masturbieren da ist, dann verläßt man den Traum und ist wach. Wenn es einen Orgasmus im Traum gibt, dann verläßt man den Traum nicht, und vielleicht findet keine Ejakulation statt.

MARCEL DUHAMEL: Es kann aber auch eine Ejakulation ohne den geringsten Orgasmus geben.

MAX ERNST, ANDRÉ BRETON: Dagegen.

ANDRÉ BRETON: Wenn ein Wille zum Masturbieren da wäre, dann würde man den Traum verlassen, gerade deshalb gibt es keinen Willen zum Masturbieren im Traum. Würde Queneau die meiner Meinung nach erbärmlichen Theorien unterstützen, nach denen eine Reibung des Lakens oder ein anderer physischer Grund einen physischen Orgasmus ohne Ejakulation hervorrufen kann oder nicht?

RAYMOND QUENEAU: Ich unterstütze diese Theorie.

ANDRÉ BRETON: Materialismus.

MARCEL DUHAMEL, BENJAMIN PÉRET, MAX ERNST, MARCEL NOLL: *(Unterstützender Protest)*

MAX ERNST: Antisurrealist.

MAXIME ALEXANDRE: In dem Moment, wo man die Frage nach dem Willen zum Masturbieren vor dem Einschlafen stellt, ist man von der Frage abgekommen, um die es bisher ging. Ich behaupte, daß dieser Wille unfähig ist, einen Orgasmus oder eine Ejakulation hervorzurufen.

MAX ERNST: Ich denke, daß wir an der Frage vorbeidiskutiert haben. Aufwachen und Zerstörung eines Traums fallen nicht zwangsläufig zusammen. Das Aufwachen, d. h. der bewußte Wille, der den unbewußten ersetzt, stellt die Realität des Phänomens selbst des Orgasmus nicht in Frage; für mich sind die Phänomene, die im Bewußten und im Unbewußten entstehen, zu sehr miteinander vermischt, als daß ich eine genaue Unterscheidung vornehmen könnte. Ich ziehe es vor, zum Problem des Zusammenfallens von Orgasmus und Ejakulation zurückzukommen. Die Feststellung, daß ich im Traum ejakuliert und gleichzeitig einen Orgasmus gehabt habe, in einem Zustand, den ich eher für einen Wachzustand halten würde, beweist, finde ich, daß es einen Zustand gibt, der weder dem einen noch dem anderen Bereich zugehört, einen Zustand, den man als surrealistischen Zustand bezeichnen könnte.

ANDRÉ BRETON: Die Unstimmigkeiten, die bei diesem Thema zwischen uns existieren, sind auf die Tatsache zurückzuführen, daß die einen der Meinung sind, ihr Gedächtnis sei fehlerhaft, und die anderen behaupten, ihr Gedächtnis sei nicht fehlerhaft. Das ist eine Frage zum Traum, nicht zur Sexualität.

RAYMOND QUENEAU: Zu welchem Zeitpunkt und unter welchen Umständen haben die hier anwesenden Personen ihre Unschuld verloren? Péret?

BENJAMIN PÉRET: Mit etwa 13 oder 14 Jahren durch eine kleine Nachbarin, deren Wohnung mit der meiner Eltern durch einen Balkon verbunden war. Ich mußte nur über ein Trennungsgitter klettern, und schon befand ich mich im Zimmer dieser jungen Person. Das erste Mal, als ich es versuchte, habe ich es nicht geschafft. Ich habe viel Mühe gehabt, den Geschlechtsakt auszuführen.

RAYMOND QUENEAU: Unik?

PIERRE UNIK: Ich erinnere mich nicht.

BENJAMIN PÉRET: Ich bin erstaunt, daß Unik die Umstände und das Alter nicht genau angeben kann. Das ist doch noch gar nicht so lange her!

ANDRÉ BRETON: Ich schlage vor, daß wir Unik während des ganzen Abends zu keinem Thema mehr befragen.

Allgemeine Zustimmung

PIERRE UNIK: Ich wollte sagen, daß ich mich nicht erinnere.

ALLE: Das stimmt nicht.

MARCEL DUHAMEL: 16 Jahre. Mit einer Frau, die ich auf dem Boulevard de la Madeleine getroffen habe und die mich in ein Stundenhotel in der Rue de Sèze mitgenommen hat. Eindruck von furchtbarer Desillusionierung.

BENJAMIN PÉRET: Das Nichtzustandekommen des Geschlechtsaktes beim ersten Mal hatte bei mir die Begierde aufs äußerste gereizt.

MAXIME ALEXANDRE: 18 Jahre. Ich war mit einem jungen Mann zusammen, der älter war als ich, wir haben eine Frau angesprochen. Wir sind in einen Park gegangen. Wir haben sie alle beide gestreichelt. Das hat mich ganz schön erregt. Ich hatte kein Zimmer. Wir sind in das meines Freundes gegangen. Ich habe vor meinem Freund mit ihr geschlafen. Es war ein heftiges Gewitter. Nach mir hat mein Freund mit ihr geschlafen. Ich habe die Kraft meines Freundes im Vergleich zu mir selbst ziemlich bewundert. Ich war viel zu erregt oder weggerissen, um einen Eindruck von Desillusionierung oder Befriedigung zu haben. Der grundlegendste Eindruck war die Zufriedenheit, begonnen zu haben.

PIERRE UNIK: Ich revidiere meine erste Erklärung. Das war bei mir zwischen 15 und 16, im Bordell. Ich bin in dieser Zeit vier- oder fünfmal ins Bordell gegangen und seitdem niemals wieder.

ANDRÉ BRETON: Ich finde es nach wie vor seltsam, daß dieses Ereignis für Sie keinerlei besonderen Gefühlsschock hervorgerufen hat.

MARCEL DUHAMEL: Ich finde es seltsam, daß das bei Unik nicht zu einer angestrengten Erinnerungsarbeit im Hinblick auf dieses Thema geführt hat.

Zustimmung von Max Ernst

MARCEL NOLL: Ich auch.

ANDRÉ BRETON: Wir wollen uns von Unik zurückziehen, wenn er sagt, daß er in diesem Punkt übereinstimmt[2].

JACQUES PRÉVERT: Ich habe meine Unschuld wohl mit 13 verloren, mit einer Frau an einem Ort, wo das Lycée Fénelon ist, in einer Passage. Mit einer widerwärtig dreckigen Frau (sie hatte an der Wand mit einer kleinen Reißzwecke eine Postkarte mit dem Porträt von Carpentier[3] befestigt). Eindruck...[4]

MARCEL NOLL: Ich muß wohl so knapp zwanzig gewesen sein. Bei einer Hochzeit, an der ich teilnahm, lernte ich eine sehr entfernte Kusine kennen (nach dem Waffenstillstand), die in Paris wohnte, die ich in gewisser Weise dafur ausgesucht habe.

Als ich das erste Mal nach Paris kam, im Jahr 1920 (?), habe ich diese Person wiedergesehen, bei ihr zu Hause. Extreme Schüchternheit, schmerzlicher Eindruck großer Geniertheit. Am nächsten Tag große Zufriedenheit.

RAYMOND QUENEAU: Am 18. März 1919 ging ich an den Hallen von Le Havre spazieren. Ich geriet in die Fänge einer Frau mit einem Regenschirm, es regnete. Ich bin mit ihr ins Haus gegangen, weil ich große Lust zum Beischlaf hatte, wenn ich so sagen kann. Sie hat sich dafür nicht einmal ausgezogen, was mich sehr geärgert hat, und im großen und ganzen war ich sehr zufrieden.

MAX ERNST: 15 Jahre, 1 Monat und 3 Tage, 14. Mai 1906. Die äußeren Umstände sind interessanter als die Vorgeschichte. Eine Frau, die ich bewundernswert fand, sie hieß Alma, es war in einem Wald. Gewisse Enttäuschungen im Vergleich mit früherer Masturbation (Phantasien). Eine enorme Befriedigung in physischer Hinsicht, auch in moralischer. Ich ließ mich zu dieser Zeit sehr von meinem Freund[5] beeinflussen: Befriedigung, ihm dies verkünden zu können.

GEORGES SADOUL: 17 oder 18 Jahre, Monat Juli, in den Feldern, in einem Vorort, in einer Art von Graben im Gras, mit einem Mädchen, mit dem ich schon seit mehreren Monaten ging. Sie war auch Jungfrau. Sehr unangenehmes Gefühl, das eher von der Jungfräulichkeit dieser Person herrührte.

M.: 18 Jahre. Durch Beziehungen. Eine Frau, die die Freundin der Geliebten eines Kameraden war. Kein Eindruck von heftigem Abscheu, aber praktisch Desillusion.

ANDRÉ BRETON: 19 Jahre. Mit einer jungen Stenotypistin, die bei Underwood arbeitete und in Aubervilliers wohnte (ich wohnte in Pantin). Ich habe mit ihr in einem Hotel in der Rue de la Harpe geschlafen. Die ganze Nacht über quälte mich die Frage nach meinen physischen Möglichkeiten, obwohl ich viermal mit ihr geschlafen habe. Dennoch wunderbarer Eindruck, aber am nächsten Morgen um 8 heftige Blinddarmentzündung, die meine Einlieferung ins Krankenhaus nötig machte (?).[6]

Welche spätere sexuelle Erinnerung hat, abgesehen von diesem Umstand, am meisten Gefühl bei Ihnen hinterlassen?

MAXIME ALEXANDRE: Den nachhaltigsten Eindruck hatte ich im Bordell, mit 20 oder 21. Sommernachmittag. Die Frau stopfte gerade ihre schwarzen Strümpfe. Ich habe drei- oder viermal mit ihr geschlafen. Ich kann überhaupt nicht sagen, warum dieses Mal das wichtigste war.

MARCEL DUHAMEL: Eines Nachts habe ich mit einer Frau geschlafen, die ich liebte, es schien, als ob ich niemals mehr damit aufhören könne.

GEORGES SADOUL: 1. Das zweite Mal, als ich mit derselben Frau schlief wie beim ersten Mal. Es war in einem Zimmer und in aller Freiheit. 2. Mit einer Frau, die ich ungeheuer liebte und sehr begehrte, ich erlitt einen Schwächeanfall, ich biß sie heftig in die Unterlippe. Dann sind wir ausgegangen und eine Stunde auf dem Land gewesen, ohne etwas zu sagen oder zu tun.

Gefühl einzigartiger Höhen, wenn man diesen Worten einen Sinn beimessen kann.

MAX ERNST: Es war eine Nacht, nachdem ich es nicht geschafft hatte, mit einer Frau zu schlafen, die ich heftig zu lieben glaubte, und nachdem ich sie wiedergesehen habe, habe ich festgestellt, daß das ein grundlegender Irrtum war (1921).

RAYMOND QUENEAU: Es war das erste Mal, als ich eine ganze Nacht lang mit einer Frau schlief. Ich glaube, das ist in gewisser Hinsicht Eitelkeit.

BENJAMIN PÉRET: Es war ein Tag, an dem ich in einer Küche oder einem Klo (wenn ich mich daran noch genau erinnern würde, wäre ich ausgesprochen blöd) voller Angst oder Vergnügen dachte, es könne jemand kommen.

GEORGES SADOUL: Ich würde mich gern verbessern. Die zweite Erinnerung war bei weitem die intensivste.

MARCEL NOLL: Es war in einem Freudenhaus. Große Müdigkeit. Ich traf eine Person, mit der ich schlief, und stellte fest, daß sie unpäßlich war. Das hat mich so erregt, daß ich erneut begann, und in diesem Augenblick fand ich, daß mir die Liebe auf diese Art am liebsten ist.

BENJAMIN PÉRET: Ich habe zwei Erinnerungen, zwischen denen ich mich nicht entscheiden kann. Die erste daran, wie ich im Parc de Procé in Nantes mit einer Frau geschlafen habe, die ich am Tag vorher kennengelernt hatte. Die zweite: die Nacht vom 14. Dezember 1925, mit einer Frau, die ich seit einiger Zeit kannte und die betrunken war.

ANDRÉ BRETON: Ich erinnere mich an mehrere Erlebnisse mit Frauen, die ich liebte, bei denen ich sexuelle Schwächezustände hatte, von denen einige beinahe beabsichtigt waren. Das erste Mal war in einem Feld in Nantes, und ich wollte nicht in diesem Feld mit der Frau schlafen. Das zweite Mal war es in einem Hotelzimmer in Lyon, und ich hätte in diesem Moment gern in diesem Zimmer mit der Frau geschlafen.

MAX ERNST: Sind Sie monogam? Das heißt, denken Sie, daß es eine Frau gibt, die für Sie bestimmt ist, und keine andere?

ANDRÉ BRETON: Natürlich.

MAX ERNST, GEORGES SADOUL, MARCEL NOLL: Ja, ganz bestimmt.

PIERRE UNIK: Ja. *(Zweifelnd)*

RAYMOND QUENEAU: Nein, niemals. *(Aufruhr)* Keine Frau könnte mich je befriedigen oder monogam machen. Und außerdem Scheiße!

ANDRÉ BRETON: Ich protestiere gegen dieses letzte Wort.

MAX ERNST: Ich auch.

MARCEL DUHAMEL: *(derselben Meinung wie Queneau)*

ANDRÉ BRETON: Ich bin der Meinung, daß das eine absolute Verleugnung der Liebe ist.

BENJAMIN PÉRET, MARCEL NOLL, MAX ERNST. *(Zustimmung)*

RAYMOND QUENEAU: Ich sehe nicht ein, warum.

ANDRÉ BRETON: Dann ist Ihnen nicht zu helfen. Und damit antworte ich auf Ihren Zwischenruf.

MAXIME ALEXANDRE: Ich habe nur eine Frau in meinem Leben geliebt, und ich werde nur eine Frau in meinem Leben lieben.

BENJAMIN PÉRET: Prévert?

JACQUES PRÉVERT: Absolut, völlig, unterstreichen wir monogam.

MAX ERNST: Ich präzisiere. Monogam sein heißt: «Glauben Sie zu allererst an eine Bestimmung?» Wenn Sie Surrealist sind, dann glauben Sie an eine Bestimmung.

ANDRÉ BRETON: Ich protestiere gegen diesen letzten Satz.

MAXIME ALEXANDRE: Man könnte klarer sagen: «Haben Sie eine Frau getroffen, die für Sie bestimmt war?» Ich habe sie getroffen.

MARCEL DUHAMEL: Ich glaube, es ist unmöglich, darauf zu antworten.

ALLE: Warum?

MARCEL DUHAMEL: *(Stille)*

RAYMOND QUENEAU: Ich habe bisher noch keine Frau getroffen, mit der ich leben könnte. Das kann mir vielleicht noch passieren, aber ich bin absolut sicher, daß ich nie jemanden treffen werde.

JACQUES PRÉVERT: Niemand kann dagegen etwas einwenden.

ANDRÉ BRETON: Ich!

MAXIME ALEXANDRE: Ich auch.

ANDRÉ BRETON: Ich weiß nicht, ob ich diese Frau getroffen habe. Wenn ich sie getroffen habe, so ist sie für mich nicht verloren. Andernfalls bin ich sicher, daß ich sie treffen werde.

MAXIME ALEXANDRE: Ich habe diese Frau getroffen, ich bin sicher, daß ich sie verloren habe.

BENJAMIN PÉRET: Ich habe sie nicht getroffen, hoffe aber mit meiner ganzen Kraft, sie zu treffen.

RAYMOND QUENEAU: Glückwunsch für Pérets Optimismus.

ANDRÉ BRETON: Beileid für Queneaus Pessimismus.

BENJAMIN PÉRET: Das ist der einzige Optimismus, den ich habe.

MARCEL NOLL: Ich bin absolut sicher, daß ich sie treffen werde. Alle meine Handlungen werden von dieser Hoffnung vorangetrieben.

GEORGES SADOUL: Ich glaube, daß ich diese Frau getroffen und wieder verloren habe. Meine einzige Hoffnung ist, sie in einer anderen wiederzufinden. (Ich kann mich nicht ausdrücken.)

MAXIME ALEXANDRE: In bezug auf das, was Noll gesagt hat: Alle meine Handlungen werden von diesem Verlust motiviert.

MAX ERNST: Ich frage mich, aus welchem Grund einige von uns noch am Leben sind, Queneau zum Beispiel; ich würde ihm gern einen Strick schenken.

RAYMOND QUENEAU: Ich würde gern für die Liebe oder für die Revolution sterben, aber ich weiß genau, daß mir weder das eine noch das andere begegnen wird.

ANDRÉ BRETON: Das ist die typisch konterrevolutionäre Rede, und das ist die typisch positivistische Rede gegen die Liebe.[7]

PIERRE UNIK: Ich glaube nicht, daß man bei dem, was Queneau gesagt hat, von Positivismus sprechen kann.

RAYMOND QUENEAU: Ein Vertrauen gleich welcher Art in das Leben erscheint mir antisurrealistisch.

ANDRÉ BRETON: Unter diesen Bedingungen bin ich gegen den Surrealismus, so wie Queneau ihn versteht.

BENJAMIN PÉRET: Ich bin mit Breton voll und ganz einer Meinung, das ist der einzige Sinn, den ich dem Surrealismus zuschreibe.[8]

MAXIME ALEXANDRE: Ich denke das Gegenteil von dem, was Queneau denkt.

ANDRÉ BRETON: Die Frage ist wohl schlecht gestellt. Es geht nicht darum, Vertrauen ins Leben zu haben. Unser Nonkonformismus antwortet darauf in gewisser Weise; dennoch gibt es nur eine einzige Sache im Leben, die uns nicht versperrt und verboten ist, das ist die Liebe.

JACQUES PRÉVERT: Dagegen.[9]

MAX ERNST: Und die Hoffnung in das Gefühl.

JACQUES PRÉVERT: Es gibt nichts, das ist alles, was ich dazu zu sagen habe.

BENJAMIN PÉRET: Dada.

JACQUES PRÉVERT: [10]Scheiße!

ANDRÉ BRETON: Ich protestiere noch einmal gegen diesen Diskussionsstil.

PIERRE UNIK: Ich protestiere gegen das Wort Dada. Das ist zu einfach.

MARCEL DUHAMEL: In diesem Fall bin ich Dadaist durch den Gegensatz zu Péret.

ANDRÉ BRETON: Ich stimme Péret voll und ganz zu, subtiler und völlig gerechtfertigter Einwurf.

Zustimmung von Max Ernst und Maxime Alexandre

RAYMOND QUENEAU: Ich bin dagegen. Der Optimismus, der unter gewissen Persönlichkeiten des Surrealismus herrscht, erscheint mir absolut überraschend; was mich angeht, ich werde an allem, was auch immer es ist, verzweifeln. Um aber eine Antwort...

MAXIME ALEXANDRE: Das ist immer noch Dada!

RAYMOND QUENEAU: ... auf eine Anschuldigung des Dadaismus zu geben, so erscheinen mir der Surrealismus und die Liebe und die Revolution als das Beste, was es auf der Welt gibt.

MAX ERNST: Ich überführe Queneau eines offenkundigen Widerspruchs in seinen Ausführungen ...

PIERRE UNIK: Absolut nicht.

MAX ERNST:..., da er sich einerseits mit dem bürgerlichen Skeptizismus verbündet, der der Liebe entgegensteht (die für mich dasselbe ist wie die Revolution), aber andererseits der Liebe ziemlich optimistische Zugeständnisse macht.

RAYMOND QUENEAU: Daß man mich einerseits des bürgerlichen Skeptizismus bezichtigt und mir andererseits einen gewissen Optimismus in der Liebe vorwirft, das scheint mir zu zeigen, daß man der bürgerlichen Logik ein gewisses Vertrauen entgegenbringt.

ANDRÉ BRETON: Ich frage mich, durch welche Logik Queneau die bürgerliche Logik zu ersetzen beabsichtigt.

RAYMOND QUENEAU: Durch gar keine.

ANDRÉ BRETON: Wie könnten Sie also ohne Logik auf so einen Fragenkatalog antworten?

RAYMOND QUENEAU: Durch ein gewisses Vertrauen, das ich in Leute habe, die ich für meine Freunde halte, ohne jeden Sentimentalismus.

ANDRÉ BRETON: Das ist unmöglich.

RAYMOND QUENEAU: Ich verstehe Freundschaft in dem Sinn, den ich der Liebe gebe. Ich kann die Liebe außerhalb einer gewissen Bestimmung sehen, die man mir aufzwingen will.

MAX ERNST: Wer ist «man»? Ist das Gott?

RAYMOND QUENEAU: Weiß ich nicht. Man hat Fragen über die Bestimmung der Liebe gestellt, die ich nicht verstehe und auch nicht verstehen will.

ANDRÉ BRETON: Das ist noch einmal eine Frage des Vokabulars: «Bestimmung» steht für etwas anderes. Denkt Queneau, daß es das Ziel der Liebe ist, die Liebe zu lieben oder ein Wesen?

RAYMOND QUENEAU: Für mich ist es die Liebe zu einem Wesen.

MAX ERNST: Widersprüchlich.

ANDRÉ BRETON: Dieses Wesen ist dennoch wirklich.

RAYMOND QUENEAU: Ich denke schon.
Ich werde es natürlich nie treffen.

PIERRE UNIK: Dieser Standpunkt erscheint mir in keiner Weise mit Positivismus behaftet zu sein.

ANDRÉ BRETON: Man hat Queneau niemals des vollständigen Positivismus beschuldigt, man hat ihm auf eine Anklage des Optimismus geantwortet, die er vielleicht etwas leichtsinnig vorgebracht hat.

MAX ERNST: Was denkst du über die Ehe, Péret?

BENJAMIN PÉRET: Das interessiert mich nur mäßig. Ich ziehe diese Möglichkeit manchmal für mich in Erwägung. Ich mache keinerlei Unterschied zwischen der Ehe und der freien Verbindung. Es versteht sich von selbst, daß ich, wenn eine Frau, die ich liebe, mich darum bitten würde, sie zu heiraten, es ohne Zögern täte.

MARCEL DUHAMEL: Die Ehe scheint mir nur eine soziale Frage aufzuwerfen. Sie interessiert mich nur in dem Maße, wie jede andere soziale Frage meine Aufmerksamkeit erregen könnte.

GEORGES SADOUL: Frage rein juristischer Art, die mich nicht im geringsten interessiert.[11]

MAXIME ALEXANDRE, MARCEL NOLL, RAYMOND QUENEAU, ANDRÉ BRETON: Der gleichen Meinung.

MAXIME ALEXANDRE: Ich stelle die Frage nach der Eifersucht und dem Besitzdenken in der Liebe, Péret?

BENJAMIN PÉRET: Ich gestehe der Frau Eifersucht zu. Was mich angeht, so habe ich nur eine vage Tendenz, dieses Gefühl zu verdammen. Ich kann mit der Vorstellung von Besitz nicht viel anfangen.

MARCEL DUHAMEL: Ich stelle mich der Vorstellung vom Besitz in der Liebe absolut entgegen. Ich bin manchmal eine Sekunde lang Opfer der Eifersucht. Das ist ein eher physisches Gefühl. Die Vorstellung, daß eine Frau, die ich liebe, sich von einem anderen Mann physisch angezogen fühlte, stört mich nicht, unter Einschränkung der vorherigen Beobachtung.

PIERRE UNIK: Die Eifersucht scheint mir völlig verschieden vom Besitzdenken in der Liebe zu sein. Ich bin absolut gegen Besitzdenken in der Liebe, kann aber wegen einer Frau, die ich liebe, sicher unter Eifersucht leiden.

ANDRÉ BRETON: Das heißt, Sie sind für Besitzdenken in der Liebe.

PIERRE UNIK: Nein. Da ich in keiner Weise die Treue einer Frau fordern kann, wie man sagt. Aber es scheint mir, daß es trotz allem nicht ausschließt, daß ich Eifersucht empfinde.

MARCEL NOLL: Ich glaube nicht, daß ich empfänglich für Eifersucht bin in dem Sinne, wie Alexandre sie versteht. Wenn eine Frau mich verläßt, so bleibt mir, denke ich, nichts anderes übrig, als mich damit abzufinden, und ich bin dann nicht mehr Herr der Gefühle, die mich in diesem Moment überkommen.

GEORGES SADOUL: Sie verlieben sich in eine Frau, die einen anderen liebt.

MARCEL NOLL: Das ist mir noch nicht passiert.

MAXIME ALEXANDRE: In der Liebe stellt sich für mich weder die Frage nach der Eifersucht noch die nach dem Besitz. Sie stellen sich nur in dem Maße, wie das Leben unvollkommen ist.

PIERRE UNIK: Ich möchte Noll darauf hinweisen, daß er, wenn er von sich abfinden spricht, Eifersucht empfindet.

BENJAMIN PÉRET, ANDRÉ BRETON: Das hat nichts miteinander zu tun!

ANDRÉ BRETON: Ich bin absolut unempfänglich für Eifersucht. Eifersucht bei einer Frau stört mich, sonst nichts. Was die Vorstellung vom Besitz in der Liebe angeht: Sie ist kaum schändlicher als die jedes anderen Besitzes.
Was denkt Max Ernst über das Zusammenwohnen mit einer Frau, die man liebt?

MAX ERNST: Man kann mit einer Frau zusammenwohnen unter der Voraussetzung, daß man sie liebt. Ich glaube, daß das ständige Zusammenleben mit einer Frau in keiner Weise die Liebe vermindert, angesichts der Tatsache, daß ich die «Frage der Monogamie» voll und ganz bejaht habe.

BENJAMIN PÉRET: Jedesmal, wenn ich eine Frau liebte, habe ich es gehofft und versucht, es zu verwirklichen.

MARCEL DUHAMEL: Derselben Meinung wie Max Ernst.

ANDRÉ BRETON: Welche Rolle spielt für Sadoul die physische Schönheit einer Frau in der Wertschätzung, die er ihr entgegenbringt?

GEORGES SADOUL: Ich denke nicht, daß eine Frau notwendigerweise schön sein muß, damit ich sie liebe.

MAXIME ALEXANDRE: Bei der Liebe stellt sich diese Frage erst gar nicht.

RAYMOND QUENEAU: Ich nehme die Frauen, wie sie sind.

MARCEL NOLL: Schönheit ist notwendigerweise subjektiv. Die Frau, die man liebt, ist immer schön.

PIERRE UNIK: Ich finde eine Frau, die ich liebe, immer schön.

ANDRÉ BRETON: Darum geht es nicht.

MAX ERNST: Die Schönheit ist etwas, worauf man zu sehr fixiert ist (für mich ist es die Venus von Milo), als daß objektive Schönheit eine entscheidende Rolle in der Sexualität spielen könnte.

BENJAMIN PÉRET: Ich fühle mich immer angezogen von der äußeren physischen Eigenheit einer Frau, die mich ganz besonders berührt. Meistens genügt das, um sie in meinen Augen schön erscheinen zu lassen.

ANDRÉ BRETON: Ich finde, die Frage ist überhaupt nicht behandelt worden. Die Betrachtung der körperlichen Schönheit einer Frau ist das Wichtigste, was es auf der Welt gibt. Sie könnte Genie haben und alle wichtigsten moralischen Eigenschaften verkörpern, es würde ein physisches Detail an ihr, das mir mißfiele, genügen, und sie würde mich nicht im geringsten interessieren.

MAX ERNST: Würde Sie eine moralisch und intellektuell unwürdige Frau, versehen mit aller Schönheit der Welt, interessieren?

ANDRÉ BRETON: Natürlich nicht, aber ich hätte mir die Mühe gegeben, sie in moralischer und intellektueller Hinsicht zu untersuchen, während eine weniger schöne Frau bei mir diese Neugierde nicht hervorgerufen hätte.

MAX ERNST: Das heißt also, die Schönheit spielt eine entscheidende Rolle als Ausgangspunkt?

ANDRÉ BRETON: Natürlich.

BENJAMIN PÉRET: Natürlich.

Sechstes Gespräch

3. März 1928

Antonin Artaud, André Breton, Marcel Duhamel, Benjamin Péret, Jacques Prévert, Raymond Queneau, Yves Tanguy, Pierre Unik.

ANTONIN ARTAUD: Ich neige dazu, das Sexuelle als etwas Persönliches zu betrachten, als etwas Besonderes und Privates. Ich setze mich ihm aus wie allen Erfahrungen des Lebens, aber ohne etwas davon zu erwarten. Die Folgerungen, die ich meinerseits daraus ziehen könnte, erscheinen mir nützlicher oder wären anderen nützlicher je nachdem, wie und unter welchen Umständen ich sie gegebenenfalls formulieren würde. In ähnlichen Untersuchungen kommt da bei den meisten fatalerweise ein gewisses Zurschaustellen mit ins Spiel. Und ist außerdem eine derartige Untersuchung überhaupt fähig, eine Unterscheidung zwischen ehrlichen Leuten und anderen zu treffen? Ich finde die Sexualität an sich sehr abstoßend. Ich würde mich gern von ihren Fesseln befreien. Ich wünschte, alle Menschen wären so weit. Es geht mir auf die Nerven, Sklave eines so schmutzigen Verlangens zu sein. Dennoch erkenne ich an, daß man sich ihr in manchen Fällen hingeben kann wie einer Art von Tod, aber das ist wohl eine wenig empfehlenswerte Form von Verzweiflung.

Péret, hat für Sie die Sexualität eine große Bedeutung im Leben? Ist Ihr Geist mehr oder weniger von ihr infiziert?

BENJAMIN PÉRET: Sie hat eine sehr große Bedeutung für mich und beeinflußt mein Denken sehr.

ANTONIN ARTAUD: Wäre sie fähig, Sie von einem Objekt, einer Handlung abzubringen? Was würden Sie wählen, ein Verlangen sexueller Art oder ein dringendes Verlangen anderer Art, selbstverständlich unter der Voraussetzung, daß beide zur selben Zeit aufträten?

BENJAMIN PÉRET: Sexuelles Verlangen interessiert mich nur, wenn es von Liebe begleitet ist, und in diesem Fall gebe ich alles für die Liebe hin.

ANTONIN ARTAUD: Sie kommen vom Thema ab.

BENJAMIN PÉRET: Die beiden sind eng miteinander verbunden.

ANTONIN ARTAUD: Wenn man die Liebe in eine Untersuchung über die Sexualität mit einbeziehen kann, dann hat diese Untersuchung keine Existenzberechtigung.

ANDRÉ BRETON: Warum wollen Sie die beiden trennen?

ANTONIN ARTAUD: Weil man sonst alles miteinander vermischt. Meine Frage richtete sich allein auf die Sexualität. Ich stelle die Frage noch einmal: «In einem Fall, wo die Frage nach der Liebe nicht gestellt werden kann und wo man sich einerseits mit einem rein sexuellen Verlangen und andererseits mit einem Verlangen anderer Art konfrontiert sähe, welches von beiden würde Breton wählen?

ANDRÉ BRETON: Natürlich das zweite. Dennoch bin ich der Meinung, daß man zunächst die Frage nach der Sexualität mit der nach der Liebe verbinden muß. Diese ganze Untersuchung hat kein anderes Ziel, als der Sexualität den Platz in der Liebe einzuräumen, der ihr gebührt.

ANTONIN ARTAUD: Es gab also in Ihrem Leben keinen einzigen Fall, wo Sie ohne einen Anflug von Liebe und obwohl Sie sich nur leicht (wahrscheinlich physisch) zu einer Frau hingezogen fühlten, große sexuelle Lust empfunden haben?

ANDRÉ BRETON: Ich habe sozusagen niemals sexuelle «Lust» empfunden. Ich hatte vielleicht nicht jedesmal, wenn ich mit einer Frau geschlafen habe, die Gewißheit, sie zu lieben, aber ich hatte noch viel weniger die Gewißheit, sie nicht zu lieben.

ANTONIN ARTAUD: Breton, wenn Sie von sexueller Lust sprechen, meinen Sie damit nur die physische Seite oder denken Sie nie an die physische Seite, oder enthält die beim Geschlechtsakt empfundene moralische Lust alles?

ANDRÉ BRETON: Ich empfinde keine andere Lust als die normale Lust.

ANTONIN ARTAUD: Diese Antwort erscheint mir außerordentlich tendenziös und willkürlich.

ANDRÉ BRETON: Warum?

ANTONIN ARTAUD: Wir verstehen uns bei keinem Wort, das wir sagen, ich glaube, wir müssen jedes einzelne Wort, das wir sagen, analysieren. So läßt sich eine Diskussion nicht führen.

ANDRÉ BRETON: Es muß ein Mißverständnis über das Wort «Lust» vorliegen. Wenn es sich um die Lust im eigentlichen Sinne handelt, weigere ich mich nicht, mich auf das allerobjektivste Gebiet zu begeben.

JACQUES PRÉVERT: Wie lange halten Sie es Ihrer Meinung nach ohne Beischlaf aus?

ANTONIN ARTAUD: Jahre.

JACQUES PRÉVERT: Völlig einverstanden.

YVES TANGUY: Ich auch.

BENJAMIN PÉRET: Für mich wäre das unmöglich.

ANDRÉ BRETON: Das heißt, für dich ist nicht notwendigerweise Liebe mit dabei, da du einem psychologischen[1] Drang gehorchst.

BENJAMIN PÉRET: Ein Zeitraum von mehreren Jahren erscheint mir unrealistisch. A priori glaube ich allerdings, daß ich es so lange aushalten könnte, ohne mit einer Frau zu schlafen. Ich suche nicht den Beischlaf, ich suche eine Frau.

JACQUES PRÉVERT: Das ist dasselbe.

ANDRÉ BRETON: Das ist nicht dasselbe. Die Wahl, die die Liebe lenkt, könnte sich praktisch unter diesen Bedingungen vollziehen.

ANTONIN ARTAUD: Kann Péret schwören, wenn er absolut ehrlich mit sich selbst ist, daß es nicht eine Vorstellung von Sexualität ist, die bei ihm irgendein Bild von einer Frau produziert hat?

BENJAMIN PÉRET: Wenn ich eine Frau treffe, dann liegt in ihr selbst immer eine Hoffnung, die mich dazu treibt, sie kennenzulernen.

ANDRÉ BRETON: Das ist sehr vage.[2] Man kann Artaud antworten, daß es gleichgültig ist, ob es in einem derartigen Fall eine Vorstellung von Sexualität ist, die einen treibt, genauso wie es gleichgültig ist, ob die anderen Handlungen im Leben von einem Prinzip der Erhaltung des Individuums oder der Fortpflanzung der Art motiviert sind.

BENJAMIN PÉRET: Ich urteile darüber nur a posteriori, und ich weiß nicht, was ich im Moment darüber denke. Ich gehorche einer Art Anziehung.

ANTONIN ARTAUD: Pérets und Bretons Antworten haben die Frage, die ich gestellt habe, in eine völlig andere Richtung gelenkt. Ich sprach nicht von Impulsen, die im Limbus einer Spezies ruhen, von der mir bewußt ist, daß ich mit ihr gebrochen habe, im Bereich des Bekannten jedenfalls, und ich denke, daß man immer zwischen Bildern eindeutig sexueller Natur zu wählen hat, und das ist es, worauf meine Frage abzielte.

ANDRÉ BRETON: Es gibt keinen Zustand von sexuellem Bedürfnis analog zum Zustand, den Alkohol, Tabak, Drogen herbeiführen.

ANTONIN ARTAUD: Es gibt ein schändliches analoges Bedürfnis. Wenn Sie zu wählen hätten zwischen einem sexuellen Verlangen, dessen Befriedigung Sie sofort für möglich halten, und einem intellektuellen Verlangen höchster Ordnung, das darauf abzielte, Ihnen eine entscheidende geistige Befriedigung zu verschaffen – für welches würden Sie sich entscheiden?

BENJAMIN PÉRET: Ich würde natürlich das erste wählen, weil es für mich alles in einem enthielte.

ANDRÉ BRETON: Weil allein dieses Verlangen, zusammen mit der Liebe, dazu fähig wäre, mir eine entscheidende geistige Befriedigung zu verschaffen.

ANTONIN ARTAUD: Prévert?

JACQUES PRÉVERT: Für mich kann es niemals ein intellektuelles Verlangen sehr hohen Grades geben, das mir eine entscheidende geistige Befriedigung verschaffen würde.

YVES TANGUY: Ersteres natürlich. Völlig unfähig, das zweite zu verwirklichen.

PIERRE UNIK: Breton hat sehr gut formuliert, was ich hätte sagen können.

ANTONIN ARTAUD: Ich wußte sehr gut, was jede der anwesenden Personen auf eine derartige Frage zu antworten imstande wäre. Ich habe sie nur gestellt, um die Gelegenheit zu haben, meine ganz besondere Meinung zu diesem Punkt zu sagen. Ich glaube, daß die Befriedigung, die die Liebe verschaffen kann, immer ziemlich mittelbarer Art ist und niemals irgendeine Sicherheit beinhaltet. Ich glaube hartnäckig an Befriedigung intellektueller Art im Gegensatz zu jener, und daß sie ihr überlegen ist, da sie eine Idee von Besitz enthält, die näher und gesicherter ist. Es gibt in der Liebe eine Vorstellung von Unterwerfung und Entpersönlichung, die mir unerträglich ist, und ich glaube, daß ich allein mit mir selbst in der Lage bin, mich zu einem ähnlichen Stand hinreißen zu lassen wie dem, der bei anderen durch die Liebe herbeigeführt wird.

ANDRÉ BRETON: Als ich vorhin auf die Frage von Artaud antwortete, sah ich, übrigens unter Schwierigkeiten, über das von ihm gebrauchte Wort ‹Befriedigung› hinweg. Dieses Wort zeugt für mich von einer pragmatischen Sichtweise, die ich in keiner Weise teile. Wenn ich die Liebe über alles stelle, dann tue ich dies, weil sie für mich der verzweifeltste und am meisten zur Verzweiflung bringende Stand der Dinge ist, den es gibt. Meine Entpersönlichung auf diesem Gebiet ist genau das, was ich erhoffe. Was meine Unterwerfung angeht, so ist sie so sehr mit Dominanz vermischt, daß ich ganz darin aufgehe. Ich habe endlich das Gefühl, nicht mehr frei für nichts zu sein.

ANTONIN ARTAUD: Ich erhebe erneut Einwand gegen die Diskussion um ein Wort, das ich in seiner allerallgemeinsten Bedeutung verwendet habe und dem man hartnäckig eine extrem spezifische Bedeutung zu geben versucht. Ich leugne, daß die Verzweiflung in einer gewohnheitsmäßigen und bewußten Art das vorherrschende Gefühl ist, wenn man nach Liebe sucht oder an sie denkt, und ich glaube, daß auf jeden Fall der Geist, in seiner Ganzheit erfaßt, Ressourcen enthält, die sehr viel mehr zum Verzweifeln sind als die der Liebe.

ANDRÉ BRETON: Ich habe niemals gesagt, daß die Verzweiflung in der Liebe vorherrscht, allerhöchstens daß sie sie formt. Aber sie ist das «Ziel» dieser Verzweiflung und ist daher jenseits all der geistigen Ressourcen, von denen Sie sprechen.

ANTONIN ARTAUD: Ich weise Breton darauf hin, daß er vorhin gesagt hat, daß der Grund, aus dem er die Liebe über alles stelle, darin liege, daß sie für ihn der verzweifeltste und am meisten zur Verzweiflung bringende Stand der Dinge sei, den es gibt, und daß ich ihm folglich mit Recht geantwortet habe, daß er der Verzweiflung in der Liebe eine vorherrschende Stellung gebe.

ANDRÉ BRETON: Ich habe das sehr wohl gesagt, und doch räume ich der Verzweiflung keine vorherrschende Stellung in der Liebe ein. Das kommt daher, daß ich mich hier außerhalb der Liebe und an dieser Liebe selbst verzweifelnd ausdrücke. Das ist sehr subjektiv, wenn Sie so wollen.

ANTONIN ARTAUD: Folglich könnte ich mich darin irren...

RAYMOND QUENEAU: Man hat mir beim letzten Mal die Frage gestellt: «Glauben Sie, daß eine Frau für Sie bestimmt ist?» Was denkt Artaud darüber?

ANTONIN ARTAUD: Ich habe nie an etwas anderes geglaubt. Ich glaube, daß es sehr wahrscheinlich ist, daß ich sie niemals treffen werde.

ANDRÉ BRETON: Was ist das für eine virtuelle Idee vom Schicksal? Wenn Sie diese Frau nicht treffen sollen, wie können Sie dann sagen, daß sie für Sie bestimmt ist?

ANTONIN ARTAUD: Ich werde sie notwendigerweise treffen, vielleicht nicht in diesem Leben. Ich möchte hinzufügen, daß ich die denkbar schlechteste Meinung von dieser Frau habe!

ANDRÉ BRETON: Ich habe die allerbeste Meinung von ihr und halte mich nicht für einen freien Menschen.

ANTONIN ARTAUD: Kann der Gedanke an den Verkehr, den Sie mit einer Frau gehabt haben, die tot ist, für Sie die Idee der Liebe erhöhen oder schmälern? Bereichert er für Sie dieses Gefühl von Verzweiflung, das Sie auf dem Grund der Liebe suchen?

ANDRÉ BRETON: Ich habe nie Verkehr gehabt mit einer Frau, von der ich heute weiß, daß sie tot ist.

ANTONIN ARTAUD: Hat jemand Sexualverkehr mit einer Frau gehabt, die inzwischen tot ist?

YVES TANGUY: Ja.

ANTONIN ARTAUD: Hat Ihnen das Gewissensbisse verschafft?

YVES TANGUY: Oh! Nein, also...

ANTONIN ARTAUD: Ich versichere Ihnen, daß mich das in Angst und Schrecken versetzt hat und bis ans Ende meiner Tage lähmen wird.

Ist die Vorstellung des Masturbierens für eine der hier anwesenden Personen eine anstößige Vorstellung, ist sie es immer gewesen und von welchem Moment an hat sie aufgehört, es zu sein, oder hat sie angefangen, es zu werden?

JACQUES PRÉVERT: Sie ist für mich nie anstößig gewesen, ich habe nie die Vorstellung gehabt, etwas Anstößiges zu tun.

ANDRÉ BRETON: Sie ist für mich niemals im eigentlichen Sinne anstößig gewesen. Dennoch ist sie mir lange als eine sehr armselige Notlösung und etwas ziemlich Erbärmliches erschienen, um so mehr als ich dachte, sie könne schädlichen Einfluß auf die Gesundheit haben! Merkwürdig, je mehr ich sie schließlich für akzeptabel hielt, desto weniger habe ich mich ihr hingegeben. Sie erscheint mir erst seit dem Tag völlig akzeptabel, als ich in einem Werk von Wittels über Freud las, daß bestimmte Psychoanalytiker der Züricher Schule sie in bestimmten Fällen als therapeutisches Mittel empfehlen. Seit diesem Tag sehe ich sie nur noch als Heilmittel an, und ich habe gegen sie dieselben Vorurteile wie gegenüber anderen Heilmitteln.

MARCEL DUHAMEL: Die Masturbation ist mir nie anstößig erschienen. Ich habe mich ihr mit Feuer hingegeben, bis ich ungefähr 14 war, dann sehr viel seltener.

ANTONIN ARTAUD: Was ich auch immer für Anstrengungen unternommen habe, um mir zu zeigen, daß dieser Akt legitim sei, ich habe sie immer als anstößig empfunden, und sie schien für mich immer dieselben Degradierungen zu enthalten.

BENJAMIN PÉRET: Dieser Akt ist mir nie anstößig vorgekommen, hat aber für mich lange den Sinn eines Notbehelfs gehabt.

ANDRÉ BRETON: Ich möchte darauf hinweisen, daß sie für mich nie den Sinn eines Notbehelfs gehabt hat, eher eines moralischen Hilfsmittels dort, wo die Ausführung des Geschlechtsaktes mit einer Frau für mich nicht dieselbe Wirkung gehabt hätte.

Artaud geht.

ANDRÉ BRETON: Sie haben seit einiger Zeit nicht mehr mit einer Frau geschlafen. Wie oft können Sie es in einer Nacht machen (9 Uhr abends bis 9 Uhr morgens) und an den drei folgenden Tagen (von 9 Uhr morgens des 3. März bis 9 Uhr morgens des 6. März)? Können Sie jeden Tag? Ohne Ausnahme? Wie viele Male am Tag? Welches Maximum haben Sie in zwölf Stunden erreicht?

JACQUES PRÉVERT: Ich weiß nicht, wie oft ich *kann*. Zwischen 9 Uhr abends und 9 Uhr morgens, das heißt für mich überhaupt nichts. Ich mache es normalerweise ein- oder zweimal. Es gibt Tage, wo ich es nicht mache. Ich verabscheue Sport.

BENJAMIN PÉRET: Im allgemeinen drei- oder viermal. Ungefähr gleich oft an den nächsten Tagen. Ich glaube nicht, daß ich an allen Tagen eines Jahres könnte. 9mal in 5 Stunden.

ANDRÉ BRETON: 1. Viermal. 2. Am zweiten Tag einmal oder gar nicht, am 3. zwei- oder dreimal. Am 4. ein- oder zweimal. Jeden Tag? Ja bzw. fast immer während einer bestimmten Zeit (Wochen). Ein- oder zweimal. Maximum? Ich habe es niemals mehr als fünfmal gemacht, ohne das unwiderstehliche Bedürfnis zu haben, spazierenzugehen, vorzugsweise allein.

YVES TANGUY: Dreimal und dreimal an jedem der drei folgenden Tage. Jeden Tag? Nein. Maximum: fünfmal.

RAYMOND QUENEAU: 1. Drei- oder viermal. Am zweiten Tag, idem. Am dritten Tag? Nie vorgekommen. Jeden Tag? Ich glaube nicht. Maximum viermal.

PIERRE UNIK: 1. Viermal. An den drei darauffolgenden Tagen: Zweimal. Es ist mir noch nie passiert, an drei aufeinanderfolgenden Tagen mit einer Frau zu schlafen. Maximum? Viermal.

MARCEL DUHAMEL: 1. Dreimal. Dasselbe an den drei folgenden Tagen. Jeden Tag? Ja, einmal, aber ich habe nicht immer Lust dazu. Maximum? Achtmal.

RAYMOND QUENEAU: Sie haben seit einiger Zeit nicht mehr mit einer Frau geschlafen. Wie lange brauchen Sie, von dem Moment an, da Sie allein mit der Frau sind, um zu ejakulieren?

JACQUES PRÉVERT: Vielleicht 5 Minuten, vielleicht eine Stunde.

MARCEL DUHAMEL: *Idem.*

BENJAMIN PÉRET: Es gibt zwei Spannen. Die vor dem Geschlechtsakt im eigentlichen Sinne, die sehr lange dauern kann, 1/2 Stunde zum Beispiel, je nach Verlangen, das ich im Moment danach habe. 2. Die zweite, der Geschlechtsakt: ungefähr 5 Minuten.

ANDRÉ BRETON: Erster Teil, sehr viel länger als 1/2 Stunde. Fast unendlich. 2. Mindestens 20 Sekunden.

MARCEL DUHAMEL: Im zweiten Teil möchte ich für mich präzisieren: ein Minimum von 5 Minuten.

RAYMOND QUENEAU: Das Vorspiel: Maximum 20 Minuten. 2. Weniger als eine Minute.

YVES TANGUY: 1. 2 Stunden. 2. 2 Minuten.

PIERRE UNIK: 1. 1 Stunde. 2. Zwischen 15 und 40 Sekunden.

ANDRÉ BRETON. Und das zweite Mal? Wenn man annimmt, daß man den Akt in der kürzestmöglichen Zeit vollzieht? Ich? 3 bis 5 Minuten für den Geschlechtsakt.

BENJAMIN PÉRET: Geschlechtsakt: ungefähr 1/4 Stunde.

YVES TANGUY: 10 Minuten.

MARCEL DUHAMEL: *Idem.*

PIERRE UNIK: Das ist verschieden: zwischen 2 und 5 Minuten.

RAYMOND QUENEAU: 1/4 Stunde.

JACQUES PRÉVERT: 3 Minuten oder sogar 20 Minuten.

Was halten Sie von einer Frau mit rasierter Scham?

ANDRÉ BRETON: Sehr schön, sehr viel besser. Ich habe das nie gesehen, aber das muß wunderbar sein.

Abgesehen von der Ejakulation in die Scheide, den Mund oder das Rektum der Frau, wo würden Sie diese Ejakulation gern stattfinden lassen, in der Reihenfolge Ihrer Vorliebe?

BENJAMIN PÉRET: 1. Achselhöhlen, 2. zwischen die Brüste, 3. auf den Bauch.

RAYMOND QUENEAU: Zwischen die Brüste. Nichts anderes.

PIERRE UNIK: Zwischen die Brüste.

JACQUES PRÉVERT: Auf den Rücken. Auf den Hals. Anderswo.

YVES TANGUY: Auf den Bauch. Aufs Gesicht. In die Haare und auf die Füße.

ANDRÉ BRETON: 1. Auf die Augen. 2. In die Haare.

MARCEL DUHAMEL: 1. Auf den Hintern. 2. Zwischen die Brüste. 3. Die Achselhöhlen.

ANDRÉ BRETON: Was würde Pierre Unik davon halten, sich von einer Frau in den Arsch ficken zu lassen?

PIERRE UNIK: Ich denke, daß das sehr gut ist. Ist mir nie passiert. Das würde mich sehr erregen.

ANDRÉ BRETON: Wie, denken Sie, könnte die Frau das machen?

PIERRE UNIK: Ich nehme an, indem sie ihre Klitoris in mein Rectum einführen würde.

BENJAMIN PÉRET: Ich bin nicht dieser Meinung, das interessiert mich überhaupt nicht.

ANDRÉ BRETON: Wie könnte sie vorgehen?

BENJAMIN PÉRET: Es gibt zwei Möglichkeiten. Entweder würde die anormale Ausformung ihrer Klitoris einen solchen Akt erlauben. Oder mit Hilfe eines Godemichés.

YVES TANGUY: Das interessiert mich.

MARCEL DUHAMEL: Das interessiert mich sehr.

JACQUES PRÉVERT: Sehr interessant. Das ist mir noch nie passiert. Vielleicht passiert es mir noch.

ANDRÉ BRETON: Das interessiert mich im Augenblick überhaupt nicht. Aber was für eine einzigartige Vorstellung machen sich doch einige von uns von den Ausmaßen einer Klitoris, selbst wenn sie anormal wäre, und den mechanischen Möglichkeiten dieses Organs!
Was denkt Queneau über den Liebesakt im Stehen? Hat er das schon gemacht?

RAYMOND QUENEAU: Das interessiert mich nicht. Das muß ermüdend sein.

MARCEL DUHAMEL: Das interessiert mich sehr, aber ich denke, ich wäre nicht dazu fähig. Kann die Vorstellung des Liebesaktes im Stehen (im Stehen zu zweit) Sie nicht Ihrer Potenz berauben?

Einstimmiges Nein

MARCEL DUHAMEL: Mich würde das um meine Potenz bringen.

YVES TANGUY: Das interessiert mich sehr.

BENJAMIN PÉRET: Ich habe das schon gemacht, es ist sehr anstrengend.

JACQUES PRÉVERT: Ich habe es früher sehr oft gemacht, ich mache es nicht mehr, und ich bedauere das.

BENJAMIN PÉRET: Was halten Sie von Liebe beim Baden?

JACQUES PRÉVERT: Ich finde das sehr gut.

RAYMOND QUENEAU: Das ist eine witzige Idee.

MARCEL DUHAMEL: Das muß großartig sein, ich habe es noch nie gemacht.

YVES TANGUY: Sehr gut; besonders im Meerwasser.

ANDRÉ BRETON: Sehr interessant als Versuch, aber sehr schwer durchführbar.

PIERRE UNIK: Ich müßte das eines Tages versuchen.

BENJAMIN PÉRET: Ich habe es noch nie in einer Badewanne gemacht. Ich sehe nicht ganz, wie man das machen kann. Ich habe es im Meer gemacht, und es ist sehr entkräftend.

RAYMOND QUENEAU: Was für einen Eindruck macht es auf Sie, eine Frau urinieren zu sehen?

ANDRÉ BRETON: Wenn es eine Frau ist, die ich liebe, kann mir das nur sehr angenehm sein.

YVES TANGUY: Sehr sehr angenehm.
MARCEL DUHAMEL: Sehr erregend.
BENJAMIN PÉRET: Sehr hübsch anzusehen. Angenehme Musik.
RAYMOND QUENEAU: Sehr gut.
JACQUES PRÉVERT: Gleichfalls.
PIERRE UNIK: Das habe ich noch nie erlebt.
BENJAMIN PÉRET: Was denkt Duhamel darüber, eine Frau furzen zu hören?
MARCEL DUHAMEL: Das ist eins der Dinge, die ich am unangenehmsten fand, als mir das vor langer Zeit passiert ist. Jetzt würde mich das, glaube ich, nicht mehr stören.
RAYMOND QUENEAU: Nichts.
JACQUES PRÉVERT: So selten wie möglich.
ANDRÉ BRETON: Ich verabscheue das.
YVES TANGUY: Das ist mir egal.
BENJAMIN PÉRET: Sehr unangenehm.
PIERRE UNIK: Das muß sehr unangenehm sein. Welche Stelle am Körper einer Frau küssen Sie am liebsten?
MARCEL DUHAMEL: Den Mund.
RAYMOND QUENEAU: Die Nasenlöcher.
ANDRÉ BRETON: Die Brüste.
BENJAMIN PÉRET: Die Ohren und die Brüste.
YVES TANGUY: Die Beine.
JACQUES PRÉVERT: Den Hintern.
PIERRE UNIK: Den Nacken und die Oberschenkel.
RAYMOND QUENEAU: Wie denken Sie über Vergewaltigung?
BENJAMIN PÉRET: Ganz und gar dagegen.
YVES TANGUY: Sehr sehr gut.
ANDRÉ BRETON: Ganz und gar dagegen.
RAYMOND QUENEAU: Das ist das einzige, was mich interessiert.
MARCEL DUHAMEL: Das interessiert mich nicht.
JACQUES PRÉVERT: Ich finde das legitim.
PIERRE UNIK: Ich bin dagegen.

Siebtes Gespräch

6. Mai 1928

Jean Baldensperger, Jacques-A. Boiffard[1]*, André Breton, Jean Caupenne, Marcel Duhamel, Marcel Noll, Jacques Prévert, Georges Sadoul, Pierre Unik, Y*[2].

JEAN BALDENSPERGER: Wir werden uns jetzt dem Geschlechtsverkehr mit anderen Wesen als Frauen, insbesondere mit Tieren, zuwenden.

ANDRÉ BRETON: Wir haben im Laufe eines der vorhergehenden Treffen sehr kurz über die Frage der Sodomie diskutiert. Alle anwesenden Personen haben sich dagegen ausgesprochen, haben erklärt, daß sie niemals irgendeine Neigung dieser Art hatten und daß es keinen Grund dafür gibt, weiter darüber zu reden.

JEAN BALDENSPERGER: Ich finde sehr wohl, daß es einen Grund gibt, weiter darüber zu reden, weil das für mich der Anfang sexueller Lust war. Ich hatte eine Eselin, die immer noch lebt, mit der ich ein Jahr lang sehr engen Kontakt hatte.[3]

JACQUES PRÉVERT: Wie alt war sie?

JEAN BALDENSPERGER: 2 Jahre.

JACQUES PRÉVERT: Und Sie?

JEAN BALDENSPERGER: 14.

ANDRÉ BRETON: Wollen Sie diesen Kontakt so genau wie möglich beschreiben?

JEAN BALDENSPERGER: Es geschah durch ein Hemd hindurch. Gewöhnlich zäumte ich sie und brachte sie in den Wald, dann nahm ich den Teil des Zaumzeugs ab, der sich hinten befindet, mit dem sehr klaren Gefühl, jemanden auszuziehen, dann gab ich mich meinen kleinen Leidenschaften hin. Hinterher zäumte ich sie wieder und ging heim.

JACQUES PRÉVERT: Wie fand die Eselin das?

JEAN BALDENSPERGER: Hier wird es interessant. Die ersten Male war sie immer bereit, aber später ließ sie das nur noch mit sich machen, wenn sie brünstig war.

JEAN CAUPENNE: Welche Position nahmst du ein? Stiegst du auf einen Stein?

JEAN BALDENSPERGER: Nein, weil sie ziemlich klein war und ich ziemlich groß. Erst hinterher habe ich entdeckt, daß man sich auch selbst befriedigen kann.

ANDRÉ BRETON: Was für eine Art von Gefühl empfanden Sie nach dem Akt?

JEAN BALDENSPERGER: Die ersten Male Abscheu, mit der Angst, daß man bei mir zu Hause etwas merken könne.

ANDRÉ BRETON: Was war der entscheidende Grund für die Wahl dieses Tieres und nicht eines anderen?

JEAN BALDENSPERGER: Ich sah es am häufigsten von allen. Es war immer dienstags und samstags vor der Geschichtsstunde, weil ich zu dieser Zeit frei hatte.

ANDRÉ BRETON: Was würden Sie davon halten, es jetzt wieder zu machen?

JEAN BALDENSPERGER: Das würde mir nichts bringen. Aber es würde mich nicht ekeln.

PIERRE UNIK: Sie fühlten sich nie zu anderen Tieren hingezogen?

JEAN BALDENSPERGER: Es gab da mal eine Ziege. Aber das war sehr selten. Ich penetrierte sie nicht. Diese Art von Zoophilie ist auf dem Lande sehr häufig anzutreffen.

JEAN CAUPENNE: Es wäre interessant zu wissen, ob vielleicht auch die Personen, denen es heute mißfällt, früher einmal Verkehr mit Tieren hatten.

MARCEL DUHAMEL: Das einzige Vergnügen, das ich jemals mit Tieren empfunden habe, war mit kleinen Hunden, von denen ich mich in die Hand beißen ließ. Das ging aber nicht bis zur höchsten Lust.

JEAN BALDENSPERGER: Es ist schon sehr lange her, da sagte mein Bruder zu mir (er stieg auf diese Eselin): «Das tut mir gut, wenn ich mich ausstrecke.»

(Niemand anders hat Verkehr mit Tieren gehabt.)

ANDRÉ BRETON: Haben Caupenne und Baldensperger Bemerkungen zu den veröffentlichten Antworten zu machen?

JEAN BALDENSPERGER: Sie sagten, daß Sie sich keineswegs weniger von einer Frau angezogen fühlen, wenn sie schmutzig ist. Ich halte Sauberkeit für eine der wichtigsten Voraussetzungen.

JEAN CAUPENNE: Ich halte Sauberkeit für absolut notwendig, und Eleganz finde ich noch besser.

ANDRÉ BRETON: Natürlich. Dennoch erscheint es mir nicht unmöglich, eine Frau zu lieben, die schmutzig wäre und es bliebe, da Liebe nichts mit Äußerlichkeiten dieser Art zu tun hat. Wenn eine Frau dagegen blöd ist, empfinde ich das schon eher als Hinderungsgrund. Alles, was ich wünsche, ist, eine Frau genug zu lieben, um sie genauso schmutzig wie sauber zu lieben.

GEORGES SADOUL, MARCEL DUHAMEL: Ich bin völlig derselben Meinung. Für uns steht Liebe jenseits dieser Frage.

JEAN BALDENSPERGER: Ja schon, aber wenn Sie von Liebe sprechen, denken Sie auch daran, mit einer Frau zu schlafen. Wären Sie damit einverstanden, mit einer schmutzigen Frau zu schlafen?

ANDRÉ BRETON: Ganz entschieden.

JEAN BALDENSPERGER: Ich könnte nicht mit einer Frau schlafen, die große Flecken von Scheiße zwischen den Schenkeln hätte.

ANDRÉ BRETON: Das ist Ihre Sache. Es gibt Leute, die das sehr mögen (der Marquis de Sade und alle großen Erotomanen). Ich finde, daß Baldensperger sich zu diesem Thema wie ein Kind äußert. Ich sehe nicht, welchen Unterschied man bei einer Frau, die man liebt, zwischen den Scheißeflecken, von denen er spricht, und ihren Augen machen kann. Man möge mir das bitte erklären.

JEAN CAUPENNE: Die Scheiße ist nicht unbedingt Bestandteil der Person.

ANDRÉ BRETON: Warum nicht? Aber selbstverständlich!

PIERRE UNIK: Diese Überlegungen zur Scheiße sind uninteressant.

MARCEL DUHAMEL: Was denken die Leute über Witze zu sexuellen Fragen und Witze zu Exkrementen?

JACQUES PRÉVERT: Das Allerbeste, wie über alle Witze.

GEORGES SADOUL: Ich finde das ekelhaft.

JEAN CAUPENNE: Für mich hat das keinerlei Beziehung zu meinem eigenen Sexualleben. Das ist ein Spaß wie alle anderen.

PIERRE UNIK: Im allgemeinen finde ich sie abscheulich. Aus dem Mund einer Frau kann ich sie überhaupt nicht ertragen.

MARCEL DUHAMEL: Ich mag Witze nicht, wenn sie beschränkt sind. Wenn sie Format haben (besonders Witze über Exkremente), dann finde ich einige sehr witzig. Zotige Witze sind immer abscheulich.[4]

ANDRÉ BRETON: Ich finde Witze über Exkremente in einigen Fällen sehr komisch. Ich bin auch nicht gegen sehr gewagte sexuelle Witze, vorausgesetzt, die Liebe selbst bleibt aus dem Spiel.
Was denkt Baldensperger über die Möglichkeit des simultanen Orgasmus beim Mann und bei der Frau?

JEAN BALDENSPERGER: Sie erscheint mir ziemlich oft erfüllt. Was mich angeht, so bin ich mir absolut sicher.

ANDRÉ BRETON: Warum? Ich bin völlig vom Gegenteil überzeugt.

JEAN BALDENSPERGER: Durch Zeichen von Kontraktion.

ANDRÉ BRETON: Denken Sie nicht, daß diese Kontraktion simuliert sein kann?

JEAN BALDENSPERGER: Nein. Oder sind Sie fähig, einen Orgasmus zu simulieren?

ANDRÉ BRETON: Ganz vortrefflich.

JEAN CAUPENNE: Es kommt sicher vor, aber das erscheint mir wenig wünschenswert. Es ist besser, wenn die Frau zuerst ihren Orgasmus hat.

Dieselben, und Noll

MARCEL NOLL: Was halten Sie von Masturbation, Baldensperger?

JEAN BALDENSPERGER: Das ist etwas sehr Normales zwischen 15 und 17 zum Beispiel, weil man in diesem Alter wenig Gelegenheit hat, Beziehungen mit Frauen zu haben.

MARCEL NOLL: Warum?

JEAN BALDENSPERGER: Die Male, wo ich mit ihnen schlafen wollte, fanden sie mich ein bißchen zu jung.

MARCEL NOLL: Was denken Sie über die Befriedigung oder Nicht-Befriedigung, die Ihnen die Masturbation verschafft hat?

JEAN BALDENSPERGER: Das war eine Ersatzbefriedigung. Mit der Eselin war es viel besser.

JEAN CAUPENNE: Seine Schwester hieß Anette[5].

ANDRÉ BRETON: Sind Sie der Meinung, daß die Masturbation am Anfang von Bildern von Frauen begleitet ist oder nicht?

JEAN BALDENSPERGER: Bei mir war sie es nicht.

MARCEL NOLL: Caupenne?

JEAN CAUPENNE: Wenn man masturbiert, dann tut man das, weil man in dem Moment keine Frau haben kann.

MARCEL NOLL: Befriedigen Sie sich immer noch selbst?

JEAN CAUPENNE: Nein.

ANDRÉ BRETON: Und Baldensperger?

JEAN BALDENSPERGER: Nein.

ANDRÉ BRETON: Gibt es hier jemand, der sich in den letzten sechs Monaten selbst befriedigt hat?

ALLE: Ja.

JACQUES PRÉVERT: Ich nicht.

ANDRÉ BRETON: Das ist ein typisches Zeichen von Impotenz.

MARCEL NOLL: Wenn Sie masturbieren, haben Sie dann hinterher ein Gefühl von Scham oder sind Sie vollständig befriedigt ohne moralische Schuldgefühle?

JEAN CAUPENNE: Nein, das geniert mich überhaupt nicht.

MARCEL NOLL: Haben Sie dabei das Bild einer bestimmten Frau vor Augen oder denken Sie ganz allgemein an eine Frau?

JEAN CAUPENNE: Ich denke nicht an eine bestimmte Frau.

MARCEL NOLL: An was genau denken Sie?

JEAN CAUPENNE: Ich denke nicht an einen bestimmten Körperteil. Ich glaube, daß ich an etwas denke, das nicht existiert, an die Frau im allgemeinen.

MARCEL DUHAMEL: Jedesmal, wenn mir das passiert ist, war es mit Hilfe eines Photos oder einer erotischen Postkarte, oder einer Vorstellung des Hintern oder der Pobacken einer Frau, die ich zum Beispiel auf der Straße vorbeigehen sah.

Y.: Woran merken Sie, daß Sie Lust haben, mit einer Frau zu schlafen, Prévert?

JACQUES PRÉVERT: Ich merke, daß ich Lust habe, mit einer Frau zu schlafen, aber ich denke nicht darüber nach. Eine Frau in Pantoffeln zu sehen macht mir Lust, mit ihr zu schlafen.

MARCEL DUHAMEL: Pantoffeln und Morgenrock erregen mich in der Tat.

ANDRÉ BRETON: Ich protestiere gegen den Einfluß, den die Antwort Préverts anscheinend auf Duhamel ausübt. Es ist unmöglich, daß eine so besondere Sache wie Pantoffeln zwei Männern gemeinsam ist.

MARCEL DUHAMEL: Breton hat nicht das Recht zu behaupten, daß das, was ich sage, falsch ist. Woher will er das wissen?

Y.: Breton, woran merken Sie, daß Sie eine Frau begehren?

ANDRÉ BRETON: Ich begehre eine Frau, wenn ich sie liebe. Das ist bei mir überhaupt nicht mit einer Erektion verbunden. Wenn man eine Frau liebt, ist es völlig unmöglich, zu masturbieren und dabei an sie zu denken, außer unter sehr speziellen Bedingungen. Wenn das trotzdem passierte, dann gäbe es Überschneidungen und andere Frauen kämen mit ins Spiel. Es gibt eine Ausnahme, im Falle einer formellen Absprache zwischen dem Mann und der Frau. Wenn man sich zum Beispiel darauf einigt, daß man um fünf Uhr masturbiert!

JEAN BALDENSPERGER: Ganz meine Meinung.

ANDRÉ BRETON: Flaubert schickte einer Frau in einem Brief seine Spermien. Ich finde, das ist die Reinheit selbst.

MARCEL NOLL: Was denkt Prévert über diese Geschichte?

JACQUES PRÉVERT: Das ist jemand, den ich nicht kenne. Ich finde das uninteressant.

MARCEL DUHAMEL: A priori habe ich Lust, mit allen Frauen zu schlafen, die ich treffe. Wenn ich es nicht tue, dann aus Angst, enttäuscht zu werden.

Y.: In welchem Moment fühlen Sie sich am glücklichsten bei der Liebe, Breton?

ANDRÉ BRETON: Nach der Liebe ... Das ist nicht sehr klar ... Ich bin bei der Liebe niemals glücklich.

JEAN CAUPENNE: Ich verstehe nicht, was das damit zu tun hat, ob man jemanden besessen hat oder nicht. Es kann vorher sein, es kann aber auch hinterher sein.

ANDRÉ BRETON: Was heißt das, jemanden besitzen?

Y.: Das ist der Akt des geschlechtlichen Verkehrs, oder nicht einmal das, es heißt, diejenige zu nehmen, zu küssen, ich weiß nicht. Es ist der Moment, wo man das Gefühl hat, einem Mann zu gehören. Das ist eine Frage der Beherrschung der Frau durch den Mann.

ANDRÉ BRETON: Ich weise darauf hin, daß das eine sehr besondere Bedeutung des Wortes ‹besitzen› ist. Denn im allgemeinen meint es das, was im Moment des Orgasmus passiert.

Y.: Was für ein Gefühl haben Sie beim Orgasmus, Duhamel?

MARCEL DUHAMEL: Ich glaube, das kann man nicht erklären.

Y.: Werden Sie völlig Ihrer Sinne beraubt, wie z. B. bei Eintritt einer Katastrophe?

MARCEL DUHAMEL: Nein.

Y.: Kann die Form oder der Geruch eines Geschlechts Sie in Ihrem Verlangen beeinflussen, wenn Sie mit einer Frau schlafen?

JEAN CAUPENNE: Im negativen Sinne, ja. Wenn es mich aber nicht ausgesprochen abstößt, ist mir das ganz egal.

GEORGES SADOUL: Eine enthaarte oder rasierte Scham zum Beispiel würde mich völlig abstoßen.

MARCEL NOLL: Eine Scham ohne Haare ist ein Genuß.

ANDRÉ BRETON: Es ist eine Schande, daß es immer noch unrasierte Schamhügel gibt.

JEAN CAUPENNE: Was denkt Noll über den Austausch von obszönen Worten oder Beleidigungen zwischen einem Mann und einer Frau, die miteinander schlafen?

MARCEL NOLL: Diese Frage ist müßig und uninteressant.

Allgemeiner Protest

JEAN CAUPENNE: Genauso interessant wie jede beliebige andere Manie eines Erotomanen.

JEAN BALDENSPERGER: Das kann mich in bestimmten Fällen erregen.

MARCEL DUHAMEL: Ich habe das nie versucht. Ich war durchaus geneigt es zu versuchen, aber ich habe den Eindruck, daß mich das um meine Erektion bringt.

ANDRÉ BRETON: Ich für mich verabscheue das völlig, aber ich verstehe, daß es bei anderen ein Anlaß zu Erregung sein kann, wie die skurrilsten Dinge, Pfauenfedern etc.
Irgendein Dummkopf sagte kürzlich, daß man im sexuellen Sinne drei Kategorien von Frauen unterscheiden könne: die Klitoris-, die Vagina- und die Uterus-Frauen. Nehmen wir an, diese Unterscheidung stimmt. Welchen Prozentsatz von Frauen aus jeder der drei Kategorien hat Duhamel kennengelernt?

MARCEL DUHAMEL: Ich habe niemals daran gedacht, diese Unterscheidung zu machen.

ANDRÉ BRETON: Die Klitoris-Frauen. Es versteht sich, daß es sehr wenige (sehr sehr wenige) reine Klitoris-Frauen gibt. 5 %. Die Klitoris-Vagina-Uterus-Frauen (normal) machen 60 % aus. Die Vagina-Frauen 30 %, die Uterus-Frauen 5 %.

JEAN CAUPENNE: Ich finde es widerwärtig, diese Unterscheidung zu machen. Es gibt viel mehr Klitoris-Frauen.

MARCEL NOLL: Ja.

ANDRÉ BRETON: Weißt du, wo die Klitoris ist?

JEAN CAUPENNE: Der sehr hohe Prozentsatz an Frauen, die keinen Orgasmus haben, muß damit zu tun haben, daß sie nur normalen Geschlechtsverkehr hatten, bei dem die Klitoris vernachlässigt wird. Die Zahl der Klitoris-Frauen wäre also sehr viel höher, da viele Frauen nur zum Orgasmus kommen, wenn die Klitoris mit dem Mund stimuliert wird.

ANDRÉ BRETON: Ich glaube, es ist sehr selten, daß eine Frau einen Orgasmus hat, wenn die Lippen oder die Zunge die Klitoris erregen. Das ist ein sehr heikles Mittel, wenn keine andere Aktionsart zum Zuge kommt.

JEAN BALDENSPERGER: Diese Ansicht, die Erregung der Klitoris als allmächtig hinzustellen, neigt dazu, alle Frauen zu Lesbierinnen zu machen. 2. Alle Hilfsmittel, die man für die Masturbation der Frau erfunden hat, sind für die Vagina-Frauen und nicht für die Klitoris-Frauen konzipiert.

Achtes Gespräch

Anfang November 1930

André Breton, Nusch (Eluard), Paul Eluard, Jeannette Tanguy, Yves Tanguy, André Thirion, Pierre Unik, Madame Unik, Albert Valentin, Simone Vion.

1. Welche Vorstellungen begleiten das Begehren? In Anwesenheit einer Frau? Allein? Drängen sich gewisse Bilder auf?[1]

PAUL ELUARD: Was für eine Frage! Wenn Ihr mir ein Blatt Papier gebt, schreibe ich sofort drei Seiten dazu.

Protest von André Breton

Wenn man sich bei dieser Untersuchung beschimpfen lassen muß, nehme ich nicht daran teil. Meine Antwort entspricht genau der Nichtigkeit der Frage.

YVES TANGUY: Es gibt kein Bild, das eher auftritt als ein anderes.

ALBERT VALENTIN: Die allerdirektesten Bilder. Die allerdirektesten Bilder setzen sich gegenüber den weniger direkten durch.

ANDRÉ BRETON: Wenn ich eine Pfeife hätte, würde ich Valentins Antwort pfeifen.

Ich ziehe meine Einwände zurück. Wenn ich recht darüber nachdenke, bin ich ziemlich verlegen.

MADAME UNIK: Ich glaube, daß Sie den Frauen nicht dieselbe Frage stellen können. Jedenfalls nichts Körperliches.

JEANETTE TANGUY: Ich habe ein Bild... (Man bittet sie darum, es zu präzisieren.[2]) Es läßt sich in einem körperlichen Eindruck zusammenfassen: Blondheit, Schlankheit, verschieden von mir selbst.

PIERRE UNIK: Ich kann mich zur Zeit an kein Bild erinnern.

NUSCH: Die allerdirektesten.

ANDRÉ THIRION: Wenn ich allein bin, habe ich sehr klar umrissene Bilder, die von einer Frau herrühren, mit der ich geschlafen habe oder mit der ich gern schlafen würde. Eine bekleidete Person, die kein einziges Wort sagen würde. In Anwesenheit einer Frau ist das völlig unbestimmbar, überhaupt nicht in Bezug zu setzen zu dem rationalen Grund, der das Verlangen hat hervorbringen können. Dieser Grund ist ohne Bezug zu dem, was ich empfinden kann, wenn ich diese Frau sehe. Wenn ich sie liebe, weiß ich nichts mehr, etwas Kindisches, Verlangen von allen Seiten, überall.

2. André Breton, welche spontane sexuelle Phantasie haben Sie am liebsten?

ANDRÉ BRETON: Die Brüste.

YVES TANGUY: Den Hintern.

JEANNETTE TANGUY: Die Augen.

ALBERT VALENTIN: Den Arsch.

NUSCH: Die Augen.

PIERRE UNIK: Die Augen.

André Breton applaudiert bei Tanguys und Valentins Antworten. Er protestiert heftig gegen die Antworten von Nusch, Unik. Die Augen sind nicht sexuell.

PAUL ELUARD: Die Scham.

ANDRÉ THIRION: Die Möse, wenn sie «ein bißchen feucht» ist. Als Beigabe ein großes Dekolleté.

JEANNETTE TANGUY: Die Augen.

3. Wie groß ist Ihr Wunsch, das Geschlecht zu sehen? Oder anders gefragt: Wie betrachten Sie es?

ALBERT VALENTIN: Ausgesprochen heftig.

ANDRÉ BRETON: Damit können wir gar nichts anfangen. Die Frage ist schlecht gestellt.

PAUL ELUARD: Betrachten Sie das Geschlecht gern? Wie? Ihres genauso wie das Ihres Partners und unter welchen Bedingungen?

ANDRÉ BRETON, ANDRÉ THIRION, PAUL ELUARD: Sehr interessant.

ALBERT VALENTIN: Wenn es eine Frau ist, die ich liebe oder mit der mich etwas verbindet, sehe ich ihr Geschlecht gern, auch unter den allerbedrohlichsten Umständen.

JEANNETTE TANGUY: Das ist nebensächlich.

NUSCH: Wenn es sich bewegt, sehe ich es gern. Was meins angeht, so sehe ich es gern nach dem Koitus.

YVES TANGUY: In dieser besonderen Position. Die Frau auf allen Vieren.

PIERRE UNIK: Meins niemals.

YVES TANGUY: Ach, meins hatte ich ganz vergessen. (*Lachen*) Ich sehe es lieber, wenn ich allein bin, wenn es erigiert ist.

JEANNETTE TANGUY: Wir sind große Masturbierer.

PIERRE UNIK: Das der Frau, nicht zu Beginn des Beischlafs, sondern wenn man schon ziemlich lange dabei ist, und das kann ein ziemlich heftiges Verlangen sein.

ANDRÉ THIRION: Ich sehe das Geschlecht am liebsten in der von Tanguy erwähnten Position. Beim Liebesakt selbst wird das Bild sehr komplex und macht schließlich der Berührung Platz. Was mein Geschlecht angeht, so bringe ich ihm nur ein sehr sporadisches Interesse entgegen.

PAUL ELUARD: Ich sehe das Geschlecht meiner Partnerin nur gern, wenn sie sich oder mich masturbiert. Ich bitte um Entschuldigung. Ich sehe mein Geschlecht nur gern, wenn es nicht erigiert ist.

ALBERT VALENTIN: Immerhin haben Sie Gelegenheit dazu.

SIMONE VION: Ich möchte es auf gar keinen Fall sehen, glaube ich, ich ertrage Männer nur im Zustand völliger Neutralität. Was mich selbst angeht, ich denke nie daran.

ANDRÉ BRETON: Ich befürworte gegenseitigen Exhibitionismus so sehr, wie man das nur kann, allerdings praktiziere ich ihn immer noch sehr selten. Es versteht sich dennoch, daß, wenn ich eine Frau liebe, die Frage, ihr Geschlecht zu sehen und sie meins *sehen* zu lassen, einen wirklichen Skandal darstellt.

PAUL ELUARD: Das ist eine Untersuchung über die Sexualität und nicht über die Liebe.

ANDRÉ BRETON: Für mich gibt es keinen Partner, wenn ich eine Frau liebe. Man schläft miteinander, wenn es einem in den Sinn kommt.

JEANNETTE TANGUY: Sehr gut.

ANDRÉ BRETON: Ich fühle mich verpflichtet, hier eine Unterscheidung zu machen.

4. Denken Sie beim Liebesakt daran, das Geschlecht Ihres Partners zu sehen?

YVES TANGUY: Nein. Nein.

JEANNETTE TANGUY: Ja und nein. Das ist eine Frage von Spontaneität.

ALBERT VALENTIN: Ja. Ja. Ja. Ich werde nachher antworten.

PIERRE UNIK: Nein.

ANDRÉ BRETON: Unter den gleichen Bedingungen wie vorher.

NUSCH: Ja.

ANDRÉ THIRION: Während des Liebesaktes spielt das Sehen überhaupt keine Rolle.

PAUL ELUARD: Nein, auf gar keinen Fall.

SIMONE VION: Ich habe den Eindruck, daß ich mich so sehr verändere, daß ich keine Meinung mehr zur Sexualität habe.

Protest von verschiedenen Seiten

5. Bevorzugen Sie den Liebesakt tagsüber (Dunkelheit) oder nachts (Licht)?

ANDRÉ THIRION: Nicht im Dunkeln.

NUSCH: Bei Licht.

SIMONE VION: Ich habe die Augen immer geschlossen.

JEANNETTE TANGUY: Dasselbe wie Madame.

ALBERT VALENTIN: Vorzugsweise bei Licht. Aber auch nachts.

ANDRÉ BRETON: Wenn ich die Frau nicht liebe, erst das eine, dann das andere. Wenn ich sie liebe, Tageslicht am Tage, Dunkelheit bei Nacht.

PAUL ELUARD: Wenn jeder so antwortet wie Breton, dann haben wie hier eine Untersuchung über die Beziehungen zwischen der Sexualität und der Liebe. Auf alle Fragen, die ich stelle, weigere ich mich zu antworten, wenn es um Liebe geht.

ANDRÉ THIRION: Ich schlage vor, daß wir den Befragten die Freiheit lassen, zu antworten, wie sie es für richtig halten, und sie nicht verpflichten, Partei zu ergreifen.

ANDRÉ BRETON: Wenn ich mit einer Frau schlafe, an der ich Interesse habe, dann kann ich den Tag nicht zur Nacht und die Nacht nicht zum Tag machen.

PAUL ELUARD: Die Sinnlichkeit ist etwas Reines, bei der menschliche Wesen nicht in Betracht gezogen werden dürfen.

ANDRÉ BRETON: Für mich ist sie unrein.

ANDRÉ THIRION: Ich stimme zu.

ANDRÉ BRETON: Nachdem wir Eluards Einwände zur Kenntnis genommen haben, können wir Eluards Antworten von diesen Einwänden ausgehend interpretieren. Alles, was mich interessiert, ist, mit jemandem zu schlafen, den ich liebe. Man hat das schon genug belächelt, ich habe schon gesagt, daß ich zehn Jahre lang ohne Geschlechtsverkehr auskommen kann.

PAUL ELUARD: Unik, ich erteile dir das Wort.

PIERRE UNIK: Tanguy, stellst du dir manchmal etwas Erotisches vor, wenn du eine Frau zum ersten Mal siehst?

YVES TANGUY: Etwas sehr Bestimmtes, nämlich die Schenkel oder den Hintern zu streicheln.

PAUL ELUARD: Niemals.

ANDRÉ THIRION: Immer. Ich stelle mir eine kleine Szene vor, wie Körperteile dieser Frau, vorzugsweise der Hals und das Dekolleté, sich zu verschiedenen Teilen meines Körpers verhalten könnten. Besonders zu den Geschlechtsteilen.

ALBERT VALENTIN: Ich sehe eine Frau, ich treffe sie. Kann ich sie lieben? In diesem Fall kommen die physischen Bilder zum Tragen. Wenn ich denke, daß ich sie nicht lieben kann, mache ich mir ein Bild: mit ihr schlafen, ihr Geschlecht.

NUSCH: Nein.

ANDRÉ BRETON: Niemals ein konkretes Bild. Vorstellungen ohne organischen Effekt. Ich habe noch nie mit einer Frau geschlafen, von der ich nicht glaubte, daß ich sie lieben könnte. Natürlich habe ich mich sehr oft geirrt.

NUSCH: Ich würde mich gern korrigieren: Mund anstelle von Augen, die mich dennoch sehr interessieren.

JEANNETTE TANGUY: Eluard hatte Recht, die Frauen vermischen Liebe und Sexualität...

PIERRE UNIK: Es ist mir sehr selten passiert...

ANDRÉ BRETON: Ist das eine kleine Rede?

PIERRE UNIK: Nein, es gibt nur zwei oder drei Fälle [von Frauen] in meinem Leben. Ich habe sie vor mir hergehen sehen (*sehen* ohne sie anders zu sehen als von hinten) und nicht mit ihnen gesprochen. Sonst nie.

ALBERT VALENTIN: Das unterscheidet also die Frauen, die man im Café, auf der Straße, im Restaurant trifft, voneinander.

SIMONE VION: Wenn wir so weiterreden, weigere ich mich, dazu etwas zu sagen. Ich kann das nicht akzeptieren.

PAUL ELUARD, YVES TANGUY, ANDRÉ BRETON: Von Zeit zu Zeit muß die Scham eingreifen.

SIMONE VION: Es handelt sich nicht um Scham.

PIERRE UNIK: Was denken Sie über die Berührung eines Teils Ihres Körpers mit dem einer Frau oder eines Mannes an einem öffentlichen Ort oder in einem öffentlichen Verkehrsmittel, mit jemandem, den Sie nicht kennen, den Sie nie kennenlernen werden?

ANDRÉ BRETON: Wenn ich niemanden liebe, finde ich das sehr gut. Wenn ich jemanden liebe, wird das nie passieren.

YVES TANGUY: Kein Interesse in keinem Fall.

JEANNETTE TANGUY: Das kann nicht gut sein.

ANDRÉ THIRION: Wenn mir diese Person nicht gerade physisch mißfällt oder zu mager ist, interessiert mich dieser Kontakt immer.

SIMONE VION: Ich bin gerade so weit, daraus keine Frage der Scham mehr zu machen.

PAUL ELUARD: Im Dunkeln bin ich in der Lage, mir *ein* Wesen vorzustellen, dazu bin ich bereit. Tagsüber macht mich das immer traurig, selbst wenn die Frau sehr hübsch ist.

ANDRÉ BRETON: Das passiert nicht sehr oft.

ALBERT VALENTIN: Es kommt ganz darauf an, ob der Kontakt durch mich hergestellt wird oder ob ich derjenige bin, der ihn herstellt! Das interessiert mich auf jeden Fall.

NUSCH: Das stößt mich ab.

SIMONE VION: Ich würde gern etwas hinzufügen. Im Dunkeln ist das, glaube ich, immer angenehm.

ALBERT VALENTIN: Endlich, seit einer Stunde, eine menschliche Stimme, die sich erhebt.

Zustimmung

PAUL ELUARD: Ich bitte darum, daß man das Wort einer Frau für eine Frage erteilt.

Zustimmung

NUSCH: Wie haben Sie den Liebesakt am liebsten?

ALBERT VALENTIN: Handelt es sich um ein Geschlechtsteil, das in ein anderes eingeführt wird?

PAUL ELUARD: Liebesakt, Sie wissen sehr wohl, was das heißt, ejakulieren.

ALBERT VALENTIN: Was bedeutet Liebesakt?

Verschiedene konfuse Unterbrechungen

ANDRÉ THIRION: Zur Zeit liebe ich jemanden: a priori kein Bild. Früher hatte ich Vorlieben.

YVES TANGUY: Ich kann den Liebesakt in jeder Weise vollziehen. Ich habe am liebsten Analverkehr.

NUSCH: Sitzend auf dem Mann.

JEANNETTE TANGUY: Ganz allein.

SIMONE VION: Ich antworte nicht. Ich lege darauf keinen großen Wert, besonders zu Anfang einer Liebesbeziehung nicht.

ANDRÉ BRETON: Wenn ich alles genau erwäge, dann erscheint mir der Analverkehr als die Summe aller Möglichkeiten, obwohl ich das nicht mag.

PAUL ELUARD: Alle Positionen, bei denen die Frau aktiv ist.

ANDRÉ BRETON: Das ist Faulheit.

PAUL ELUARD: Welche Liebkosung haben Sie am liebsten? Zugleich aktiv und passiv?

ANDRÉ BRETON: Ich mache Einschränkungen zu dem Wort Liebkosung und zu dieser Frage.

PAUL ELUARD: Was berühren Sie am liebsten? Liebkosen entweder mit dem Mund oder mit den Händen?

ANDRÉ THIRION: Ich streichle am liebsten das Geschlecht der Frau. Daß Sie mir die Hose aufknöpft und mich am Schwanz packt.

NUSCH: Das Geschlecht das Mannes. Daß der Mann meine Brüste berührt.

ANDRÉ BRETON: Keine Berührung an mir. Ich verabscheue das. Ich liebkose gern den Bauch von Frauen.

SIMONE VION: Ich mag das überhaupt nicht. Ich mag im allgemeinen die Haare.

YVES TANGUY: Sehr selten. Manchmal die Eier. Von meiner Seite aus, die Haare und den Oberschenkel mit dem Arm berühren.

JEANNETTE TANGUY: Das könnte man nur mit Gesten erklären. Mit allen Nervenfasern.

PAUL ELUARD: Ich berühre gern den Hals, die Brüste und die Achselhöhlen. An mir selbst die Brust.

ALBERT VALENTIN: Ich liebkose gern die Achselhöhlen, die Hüftgrube.

ANDRÉ BRETON: Immer einen Witz auf den Lippen.

ALBERT VALENTIN: Das Geschlecht und den Hintern. An mir selbst das Geschlecht.

6. Wie oft hintereinander können Sie einen Orgasmus haben, ohne den Raum zu verlassen?

YVES TANGUY: 6mal (von 10 Uhr abends bis 11 Uhr morgens, mit 22 Jahren).

ANDRÉ THIRION: 4mal (in einer Nacht, mit 22 Jahren).

ANDRÉ BRETON: 4- oder 5mal (mit 32 Jahren, in einem Zeitraum von 14 Stunden).

NUSCH: 5mal (von Mitternacht bis 11 Uhr morgens, mit 23 1/2 Jahren).

ALBERT VALENTIN: 2mal (in einer Nacht mit 27 Jahren).

ANDRÉ BRETON: Ich bewundere die Antwort Valentins, wenn sie nicht humoristisch ist.

PIERRE UNIK: 5mal (von 11 Uhr bis 10 Uhr morgens, mit 19 Jahren).

JEANNETTE TANGUY: 4mal (im Alter zwischen 9 und 11 von 9 bis 11 Uhr).

PAUL ELUARD: Ich schäme mich. 11mal.

Allgemeine Heiterkeit

Sie werden über mich bis zur nächsten Frage lachen. Ich bin 35. Das sollte Ihnen zu denken geben. 11mal unter normalen Umständen. 7mal mit einer Frau, die ihre Regel hatte. 11mal mit 20 Jahren von 9 Uhr abends bis 1 Uhr mittags.

ANDRÉ BRETON: Ich komme auf meine allererste Frage zurück. Ich würde gern wissen, was ein Mann tut, wenn er zu wissen glaubt, daß die Frau einen Orgasmus hatte, oder daß sie keinen hatte.

ANDRÉ THIRION: Unter den günstigsten Voraussetzungen (wenn ich sie ganz besonders liebe) kann ich bis zum Orgasmus der Frau weitermachen.

YVES TANGUY: Für mich ist das das schlimmste Ärgernis, das mir passieren kann.

ANDRÉ BRETON: Bist du fähig weiterzumachen?

YVES TANGUY: Das ist hin und wieder schon vorgekommen.

PIERRE UNIK: Ich wüßte nicht, was da zu tun wäre. Ich habe den Eindruck, daß die Frau immer schneller soweit ist als ich.

ANDRÉ BRETON: Warum? Ist da ein physisches oder moralisches Hindernis?[3]

PIERRE UNIK: Das ist mir immer unmöglich erschienen. Weitermachen.

ANDRÉ BRETON: Ich finde das zum Verzweifeln, aber ich sehe in dieser Situation keine andere Lösung.

PAUL ELUARD: Ich billige den Optimismus von Unik völlig.

ANDRÉ BRETON: Und ich mißbillige ihn.

PAUL ELUARD: Ich kann *zur Zeit* übrigens meinen Orgasmus lange genug hinauszögern, um den Eindruck zu haben, auf die unmißverständlichen Zeichen der Frau eingehen zu können. Mein Pessimismus hat niemals die Möglichkeit völliger Ehrlichkeit in sexuellen Beziehungen in Erwägung gezogen. Als ich jung war, konnte ich nach dem Orgasmus auch weiter aktiv sein. Das ist mir jetzt fast unmöglich, aber dafür dauert mein Orgasmus jetzt viel länger als in meiner Jugend, und trotz meines Pessimismus hatte ich nie die geringste Lust, mir vorzustellen, daß die Frau, die mir ihre Befriedigung zeigte, keinen Orgasmus gehabt hatte.

ANDRÉ BRETON: Was mich angeht, mein Optimismus in sexuellen Dingen hindert mich nicht daran zu denken, daß die Zeichen in bezug auf die Frau nicht nur nicht unmißverständlich sind, sondern vielmehr, sofern sie einer Realität entsprechen, zweideutig sein können. Ob jung oder nicht, ich konnte nach einem Orgasmus nie ungestraft weiter aktiv sein. Ich habe schließlich verstanden, daß das wohl nichts für mich ist. Im Gegenteil, die Folge davon ist bei mir ein körperlicher Schmerz in der Magengegend, weswegen ich mich weigere, mir was auch immer vorzustellen.

ANDRÉ THIRION: Ich bin unfähig, mit einer Person zu schlafen, von der ich denke, daß sie simuliert.

ANDRÉ BRETON: In meinen Augen handelt es sich keineswegs um Simulation von seiten der Frau. Vorhin hat jemand zu Recht gesagt, daß der Orgasmus bei der Frau verstreuter, weniger leicht bestimmbar in seiner Zeit sei. Durch Lektüre glaube ich zu wissen, daß für die Frau (da der Mann nur bei der Ejakulation zum Orgasmus kommt), die in einem etwas tieferen und länger andauernden Zustand ist...

SIMONE VION: Es gibt einen Zustand der Luststeigerung, und es gibt einen Höhepunkt der Lust.

ANDRÉ BRETON: Obwohl wir wissen, daß der Orgasmus eine

Grenze ist, wie können wir mit Sicherheit sagen, daß es für die Frau genauso ist?

SIMONE VION: Ich für meinen Teil denke, daß ich, wenn es passiert ist, gern möchte, daß es aufhört.

PAUL ELUARD: Nicht alle Frauen denken...

ANDRÉ BRETON: Wenn ein Mann 10 Frauen hat (Harem), hat er bei der ersten und bei der zweiten einen Orgasmus, aber nicht bei der zehnten. Eine Frau dagegen könnte von einem zum nächsten gehen.

JEANNETTE TANGUY: Nein.

PAUL ELUARD: In Tibet gibt es Polyandrie.

NUSCH: Das wird ja immer besser. Je mehr sie hat, desto mehr will sie. (Wenn ich liebe.)

YVES TANGUY: Ich glaube, daß das sehr häufig vorkommt.

PAUL ELUARD: Ich habe mit einem anderen Mann und einer Frau geschlafen. Diese Frau, die erregter war als die beiden Männer (dem äußeren Anschein nach) provozierte den Akt mit beiden Männern, schlief mit beiden. Sie hatte kein Interesse daran zu simulieren.

ANDRÉ BRETON: Sie simulierte.

SIMONE VION: Hatte sie einen Orgasmus? Das konnte sie nicht sagen.

ANDRÉ BRETON: Wenn es um Lust geht, so sind wir einer Meinung. Ich könnte mit Frauen simulieren, Lust empfinden mit mehreren Frauen, ohne einen Orgasmus zu haben.

PAUL ELUARD: Ich bin unfähig zu simulieren.

ANDRÉ BRETON: Vor kurzem habe ich eine Frau gesehen, die sich mit einer kleinen Gummispritze eine Flüssigkeit in die Scheide spritzte. Trotz allem, das ist doch rührend.

PAUL ELUARD: Das ist fast so gut wie die Realität. Ich habe oft versucht zu simulieren. Ich habe es nie geschafft. Ich bin ganze Nächte lang wachgeblieben oder habe nur sehr wenig geschlafen, aber die Müdigkeit war stärker.

ANDRÉ BRETON: Wenn ich eine Frau begehre, ist es mir gleichgültig, ob sie einen Orgasmus hat oder nicht.

ANDRÉ THIRION: Völlig anderer Meinung. Ich möchte vor allem, daß sie einen Orgasmus hat.

YVES TANGUY: Ganz meine Meinung.

PAUL ELUARD: Die Traurigkeit hindert einen daran, wieder anzufangen. Der Hinderungsgrund ist kein physischer, sondern ein moralischer, wenn es eine Frau ist, die man nicht liebt. Hier haben wir das ganze Problem des Pessimismus: vom Pessimismus, der auf den Liebesakt folgt, bis zum allgemeineren Pessimismus, nicht mehr miteinander vereinigt zu sein etc.

ANDRÉ BRETON: In einer Erzählung von Boccaccio, die ich zu einer Zeit las, als ich in der Liebe noch völlig unerfahren war, gibt es einen Mann, der während der Vereinigung mit einer Frau einschläft. Das ist eine verrückte Sache.

PIERRE UNIK: Überhaupt nicht.

PAUL ELUARD, ANDRÉ THIRION: Das ist völlig verrückt.

ANDRÉ BRETON: Wenn mir so etwas passieren würde, würde ich mich beim Aufwachen umbringen.

PAUL ELUARD: Es kommt vor, daß man, wenn man mit einer Frau schläft, die man sehr begehrt, die ganze Nacht erregt bleibt. Man kann schlafen. Die Erzählung von Boccaccio ist also möglich.

ANDRÉ BRETON: Nein. Der Geist ist tot. Das ist also ein Totenbild, denn es handelt sich um die Fortsetzung von etwas, das nicht mehr existiert.

PAUL ELUARD: Manchmal schlafe ich, obwohl ich eine Frau die ganze Nacht über in meinen Armen halte und erregt bin.

ANDRÉ THIRION: Letzteres ist möglich.

ANDRÉ BRETON: Ich verlasse die Frau. Man weiß, welche Gesten man in einer Nacht machen kann. Man könnte Erfahrungen sammeln: Welche Berührungen wurden im Schlaf provoziert, sich hinterher aufwecken lassen.

PAUL ELUARD: Die Sache, an der einem Mann am meisten liegt, ist sein Schlaf.

ANDRÉ BRETON: Die Person, die beim Liebesakt einschläft, kann es nicht geben.

PAUL ELUARD: Ich bin aufgewacht, als ich gerade mit einer Person schlief, mit der ich ins Bett gegangen war. Ich habe aufgehört.

ANDRÉ THIRION: Etwas Ähnliches ist mir passiert. Eine Person schlief. Ich versuchte, mit ihr zu schlafen, sie war aktiv; nach einem kurzen Augenblick wachte sie auf. Ich bin nicht völlig sicher, daß sie nicht schlief.

YVES TANGUY: Erregt die Müdigkeit nicht deine sexuellen Möglichkeiten?

ANDRÉ BRETON: Die Frage ist nicht sehr gut gestellt.

Neuntes Gespräch

24. November 1930

Bauer[1], *Pierre Blum, André Breton, Paul Eluard, Humm, Madame Léna, Victor Mayer, Raymond Michelet, Schnitzler, Schwartz, André Thirion, Katia Thirion, Pierre Unik, Albert Valentin, Simone Vion.*

ANDRÉ THIRION: Wie oft haben Sie maximal den Liebesakt vollzogen, ohne den Raum zu verlassen?

HUMM: 4mal.

ANDRÉ BRETON: [Ich] stelle ergänzende Fragen zum Alter.

HUMM: 27 Jahre (ich bin 28). Die Frau war 26 oder 27.

SCHNITZLER: 6mal mit 21 Jahren (ich bin 27). Die Frau: 17 Jahre.

MADAME LÉNA: Das ist ein bißchen kompliziert!

ANDRÉ THIRION: Wir verlangen keine absolute Genauigkeit von Ihnen.

MADAME LÉNA: 18 Jahre? In jedem beliebigen Alter (mit 15 wie mit 20). Der Mann: 38 Jahre.

SCHWARTZ: 3mal (mit 25 Jahren). Ich bin 25. Die Frau: 25 Jahre.

PIERRE BLUM: 7mal (mit 22 1/2 Jahren. Ich bin 23 Jahre. Die Frau: 27 Jahre.

ANDRÉ BRETON: 4- oder 5mal (mit 32 Jahren). Ich bin 34. Die Frau: 30 Jahre.

ALBERT VALENTIN: 2mal. Die Frau: 26 Jahre.

RAYMOND MICHELET: 2mal (mit 18 Jahren). Ich bin 18. Die Frau: 20 Jahre.

VICTOR MAYER: 11mal mit 23 Jahren. Die Frau: 17 Jahre.

PAUL ELUARD: 11mal mit 20 Jahren. Die Frau: 25 Jahre.

SIMONE VION: 3mal mit 22 Jahren. Der Mann: 25 Jahre.

PIERRE UNIK: 5mal mit 19 Jahren. Die Frau: 24 Jahre.

KATIA THIRION: 3mal mit 23 Jahren. Der Mann: 22 Jahre.

ANDRÉ THIRION: 5 mal mit 22 Jahren. Ich bin 23. Die Frau: 40 oder 42 Jahre.

PAUL ELUARD: Wie hoch ist der Prozentsatz an Impotenz, wo Sie es nicht geschafft haben, den Liebesakt zu vollziehen, obwohl Sie die Absicht dazu hatten?

ANDRÉ THIRION: Ich verstehe die Frage nicht. Es ist mir schon passiert, Fälle von Impotenz gehabt zu haben. Ich erinnere mich an 3 oder 4. Aber völlig unmöglich, einen Prozentsatz aufzustellen. Eines dieser Male war mit der Frau, von der ich früher gesprochen habe. Im Jahr 28 oder 29 hatte ich nach der Abreise von Katia eine sexuelle Depression. Die erste Frau, mit der ich Gelegenheit hatte zu schlafen, hat dieses Auftreten von Impotenz als Folge der besagten Depression ausgelöst. Im zweiten Fall handelte es sich, glaube ich, um sexuelle Melancholie und Depression.

KATIA THIRION: Das ist mir einmal passiert. Ich hatte Lust, mit jemandem zu schlafen, und konnte es nicht. Ich sah eine andere Person anstelle der anwesenden.

PIERRE UNIK: Es ist mir nie passiert, daß ich nicht zumindest einmal konnte. Aber ziemlich häufig ging es nicht mehr als einmal.

ANDRÉ BRETON: Warum? Aufgrund von Überdruß?

PIERRE UNIK: In vielen Fällen ja.

ANDRÉ BRETON: Ist das psychisch oder organisch?

PIERRE UNIK: Das ist sehr schwer zu definieren, denn es ist schwierig, die beiden Zustände voneinander zu trennen. In der Mehrzahl der Fälle war es psychisch. Aber vielleicht war es auch organisch, ohne daß ich mir das eingestehen wollte. Jedesmal gab es eine Diskussion – aber ich bin mir nicht sicher, ob meine Schlußfolgerungen richtig sind.

SIMONE VION: Ich antworte später.

PAUL ELUARD: Bis 25 nie. Später oft. Grund: fast immer aus mangelndem Wissen über eine Frau. Physiologische Unkenntnis. Wenn ich ein einziges Mal mit ihr schlafen kann, kann ich es auch noch einmal tun. 2. Oft war es, weil ich die Frau nicht gut genug kannte. 3. Aufgrund ihrer großen Schönheit, die eine platonische Bewunderung meinerseits hervorruft. 4. Alkohol, Tabak: völlige Unfähigkeit. 5. Nicht genug Lust. 6. Verlangen nach Einsamkeit, das gleichzeitig eine Folge der Anwesenheit der Frau und dem Bedürfnis nach Alleinsein ist.

VICTOR MAYER: Nie.

RAYMOND MICHELET: Mit ungefähr 17 Jahren ist mir das aus physiologischen Gründen (Nerven) passiert. Seit meinem 18. Lebensjahr war es eine häufige Folge von Unbefriedigtheit. Und das fängt schon an, bevor die Frau nackt ist. Und diese Weigerung wächst in dem Maße, wie die Frau sich entkleidet.

ALBERT VALENTIN: Nie.

ANDRÉ BRETON: Das ist mir nur einmal passiert – nach einer beschwerlichen Reise mit einer Frau, die ich begehrte und die noch nicht meine Geliebte war. Dennoch – schon in jungem Alter – Angst bei dem Gedanken, mit einer Frau zu schlafen, die ich begehrte. Seitdem völlig unmöglich, daran zu denken, mit einer Frau zu schlafen, die ich nur begehre.

PAUL ELUARD: [Ich] bitte um Erläuterungen zum ersten Teil der Antwort.

ANDRÉ BRETON: Ich habe diese Impotenz der völlig unerträglichen Farbe Mauve der Tapete zugeschrieben.

PIERRE BLUM: Ja – ich war nervös aus Schüchternheit oder Unerfahrenheit – oder in Anwesenheit Dritter.

ANDRÉ BRETON: Ich möchte unterstreichen, daß ich überzeugt bin, daß ich, bevor ich mit Erfolg wieder anfangen kann, zuerst den Wunsch danach haben muß.

PAUL ELUARD: Ich füge hinzu, daß mich seit dem ersten Mal, als ich einen Fall von Impotenz erlebte, die Vorstellung, das könne sich wiederholen, dazu gebracht hat, zu fürchten, daß es sich wiederholen könnte – was tatsächlich dazu geführt hat, daß es sich mit anderen Frauen wiederholt hat.

SCHWARTZ: 1. Als ich das erste Mal mit einer Frau geschlafen habe: aus Angst, den Akt nicht vollziehen zu können. Die Frau war 37. 2. Der zweite Versuch, mit derselben Frau, am nächsten Tag, vergeblich. 3. Ich weiß nicht, was daran schuld war – denn als die Angst vor der Impotenz nicht mehr da war: in dem Moment war der Beweis meiner Männlichkeit erbracht. 4. Völliges Fehlen von Begehren – infolge von Depression, vorheriger Einsamkeit und einem Verlangen allein nach Zärtlichkeit. 5. Physisches Abgestoßensein aufgrund des Alters einer Dirne – zwischen 50 und 70 Jahren.

MADAME LÉNA: Ob es nun aus Liebe war, aus Freundschaft oder aus Lasterhaftigkeit, ich bin immer befriedigt worden.

SCHNITZLER: Bis zum Alter von 21 ist mir das nie passiert. Mit 21 habe ich eine äußerlich sehr schmutzige Frau getroffen, die mich so stark beeindruckte, daß ich mich ohnmächtig fühlte. Diese Impotenz kommt ziemlich regelmäßig wieder, ungefähr einmal im Jahr, wenn ich wieder an diese Frau denke und daran, daß dieser Gedanke völlige Impotenz bei mir hervorruft.

HUMM: Das erste Mal, als ich mit einer Frau schlief – ich war 19 – habe ich eine völlige Impotenz infolge von Widerwille und Nervosität verspürt. Später war es mit einer Frau, die ich sehr liebte. Ich fühlte mich ihr intellektuell unterlegen. Dieses Gefühl war der entscheidende Grund für meine Impotenz. Dieser Zustand hat sich nicht wiederholt, außer mit einem jungen Mädchen, das mich sehr erregte, als ich aber mit ihr schlief, war ich völlig impotent infolge organischer Müdigkeit (hervorgerufen von einer Gebirgswanderung). Die Angst vor Schwangerschaft und der Widerstand, der von der Frau entgegengebracht wird.

SIMONE VION: Ich habe meine Antwort zurückgehalten. Ich will sie unter derartigen Umständen nicht geben.

ANDRÉ BRETON: Mit wie vielen Personen haben Sie geschlafen? Ungefähr?

HUMM: Sehr schwer zu sagen. Ich schätze, etwa hundert.

SCHNITZLER: Ungefähr 50.

MADAME LÉNA: 150.

SCHWARTZ: Ungefähr zehn.

PIERRE BLUM: 4.

ANDRÉ BRETON: 35.

ALBERT VALENTIN: 3- oder 400.

RAYMOND MICHELET: 6 oder 7.

VICTOR MAYER: Mit einigen hundert. Da ich mich nicht mehr erinnern kann: vielleicht etwa 100 Frauen in 4 Wochen.

PAUL ELUARD: Zwischen 500 und 1000. Ich könnte es noch etwas genauer eingrenzen.

SIMONE VION: Zwischen 15 und 20, eher 20.

PIERRE UNIK: Zwischen 15 und 20.

KATIA THIRION: 3.

ANDRÉ THIRION: 35 bis 60.

HUMM: [Ich] schlage vor, nach dem größten Intervall von Abstinenz zu fragen – dem längsten Zeitraum ohne Geschlechtsverkehr.

PAUL ELUARD: Kein Koitus?
HUMM: Einfach Verkehr mit einer Frau.
ANDRÉ THIRION: Die längste bekannte Zeit von Abstinenz, wenn man während dieser Zeit die Möglichkeit hatte, mit jemandem zu schlafen.
PAUL ELUARD: Zählen dabei die Dirnen?
ANDRÉ THIRION: 5 Monate, während derer ich vergeblich versucht habe, mit Frauen zu schlafen. Ich habe Beziehungen mit Frauen angeknüpft, um mit ihnen zu schlafen. Ohne Erfolg.
PAUL ELUARD: *Ist das freiwillige Abstinenz?* Nur darum geht es. Abstinenz heißt Weigerung: auf eine solche Sache verzichten, sich ihr versagen.
ANDRÉ BRETON: Ich kann zwei Jahre lang enthaltsam bleiben.
ANDRÉ THIRION: Ich möchte hinzufügen: abgesehen davon versuchte ich es anderthalb Monate lang nicht, allerdings masturbierte ich während dieser Zeit. Ich halte nicht länger als 4 Tage durch, ohne zu masturbieren oder ohne mit jemandem zu schlafen.
KATIA THIRION: Achtzehn Monate, ohne mit jemandem zu schlafen. Ohne mich selbst zu befriedigen oder sonst irgend etwas.
PIERRE UNIK: Zwischen 9 und 10 Monaten, ohne mit jemandem zu schlafen. Masturbation während dieser Zeit. Ich kann einen Monat, 3 Wochen auskommen, ohne mich selbst zu befriedigen. Nach einem großen Gefühlsschock kann ich zwei Monate lang darauf verzichten, ohne daran zu denken.
SIMONE VION: Ich kann mich einige Monate enthalten. Ich habe den Eindruck, daß sich das ändert.
PAUL ELUARD: Es geht mir sehr schlecht, wenn ich 8 Tage lang nicht mit jemandem schlafe. Kein Tag ohne Verlangen. 8 Tage lang keine Masturbation oder sehr selten: durchschnittlich 10mal im Jahr. Immer seltener.
SIMONE VION: Wenn ich nach dieser Zeit wieder anfange, habe ich den Eindruck, daß ich darauf verzichten könnte.
VICTOR MAYER: Maximal acht Tage, nach acht Tagen bin ich fast wahnsinnig. Ich masturbiere [nicht mehr als] zehnmal pro Jahr.
RAYMOND MICHELET: Ich habe 5 Monate lang nicht mit einer Frau geschlafen. Während dieser Zeit häufig Masturbation, we-

nigstens einmal pro Woche. Während einer bestimmten Zeit mehrmals täglich Masturbation.

ALBERT VALENTIN: Nicht mehr als 48 Stunden, ohne mit einer Frau zu schlafen, die ich liebe, oder mit Dirnen. Wenn ich kein Geld habe, masturbiere ich.

ANDRÉ BRETON: Es ist mir zweimal passiert, zwei Jahre lang ohne Geschlechtsverkehr auszukommen – jetzt immer häufiger Masturbation (3 bis 4 Tage). Unmöglich, mit einer Frau zu schlafen, die ich nicht liebe oder nicht zu lieben glaube.

PIERRE BLUM: 2 oder 2 1/2 Monate, wenn ich jede Woche masturbiere. Im Augenblick 8 bis 10 Tage.

SCHWARTZ: Während einer Zeit von 9 Monaten mit immer häufigerer Masturbation (einmal jeden zweiten Tag). Zur Zeit drei Wochen.

MADAME LÉNA: Zwei Jahre, ohne mit jemandem zu schlafen, nach einem großen Schmerz. Zur Zeit maximal acht Tage, während derer ich mich mehrere Male selbst befriedige.

SCHNITZLER: Sechs Monate mit mindestens ein- oder mehrmaliger Masturbation pro Woche.

HUMM: Anderthalb Jahre, ohne mit jemandem zu schlafen. Masturbation jede dritte Woche. Danach 3 Monate ohne irgendetwas.

Welche Phantasien sind für Sie mit der Masturbation verbunden[2]?

ANDRÉ THIRION: Wenn ich masturbiere, stelle ich mir mehrere Szenen vor: verschiedene Frauen, mit denen ich zum Beispiel niemals geschlafen habe, die ich aber heftig begehrt habe. Ich stelle mir diese Personen vor, wie sie verschiedene (erotische) Körperteile zeigen. In zwei anderen Fällen hatte ich Bilder einer Frau, die ich liebe. Die Art und Weise des Masturbierens hat sich mit dem Alter verändert. Mit 17 Jahren dachte ich während der Zeit des Masturbierens an eine bestimmte Person. Zur Zeit eine Serie von Bildern durch einen Mechanismus, der dem im Traum analog ist. Ich habe immer einen Orgasmus.

ALBERT VALENTIN: Zuerst stelle ich mir eine Frau, die ich geliebt habe, beim Lecken und Blasen vor. Während der Masturbation verändert sich das Bild und geht zu anderen weniger eindeutigen Frauen über. Im Augenblick des Orgasmus komme ich auf die erste zurück. Ich habe immer einen Orgasmus.

PAUL ELUARD: Ich stelle mir im allgemeinen eine Frau vor, die ich geliebt habe, meine Frau[3], und im allgemeinen stelle ich sie mir beim Liebesakt mit mir oder ganz allgemein (zum Vergnügen) vor. Ich genieße es, mein Geschlecht zu betrachten. Es kommt vor, daß ich keinen Orgasmus habe. Im allgemeinen habe ich einen Orgasmus. Wenn ich keinen Orgasmus habe, dann kommt das durch ein sehr oberflächliches Traumbild oder durch das Verlangen, danach mit einer Frau zu schlafen. Alles an meiner Antwort ist aus Berechnung falsch.

ANDRÉ BRETON: Sie wird von einer Reihe flüchtiger Bilder von verschiedenen Frauen begleitet (*Traum*, Frauen, die ich kannte oder kenne, die aber immer andere waren als die Frau, die ich liebte). Im allgemeinen geht es bis zur Ejakulation.

KATIA THIRION: Ich antworte lieber als letzte.

PIERRE UNIK: Ich habe mit 13 Jahren masturbiert. Erstes Stadium: kein weibliches Bild. Zweites Stadium: imaginierte Bilder, in Folge eines ersten Kontaktes (nach einer bestimmten Anzahl von Verhältnissen); drittes Stadium: Bilder, die sich auf erlebte Szenen beziehen. Niemals Bilder vom Koitus. Hauptthema: Reaktion der Frau. Sehr oft ejakuliere ich nicht, aus Angst vor einem depressiven Zustand hinterher.

VICTOR MAYER: Zwischen 6 und 11 Jahren (vor dem ersten Kontakt mit einer Frau) sehr vage und spekulative Bilder vom Geschlechtsakt (fragmentarische). Später habe ich mir niemals eine Frau vorgestellt, mit der ich schlief. Bis zum Alter von 16 Jahren Bilder von der genitalen Sexualität, später von der oralen.

SCHWARTZ: Niemals genau umrissene Bilder von Frauen, aber das Geschlecht der Frau hat immer einen Einfluß ausgeübt, ohne wirklich vorgestellt zu werden. Diese Vorstellung ist sehr flüchtig. Zur Zeit der Blick auf mein Geschlecht. Ich habe immer einen Orgasmus und denke nie an eine Frau, die ich geliebt habe. Zur Zeit sind meine Phantasien taktiler oder erotischer Art.

PIERRE BLUM: Drei Stadien: 1. bis zum ersten Geschlechtsverkehr. 2. als ich Verkehr hatte, ohne zu lieben, stellte ich mir eine imaginäre Person vor. 3. nachdem ich die Liebe kennengelernt hatte: ich stelle mir die Frau vor, die ich liebte. In diesen Bildern identifiziere ich mich mit den Personen, die ich mir vorstelle. Ich vermeide jedes dritte Mal eine Ejakulation.

SCHNITZLER: Zwei sehr verschiedene Formen. Sehr oft Bilder von Personen, die ich nicht haben konnte. Bilder von vielen erotischen Szenen mit vielen Personen (Orgien), zum Beispiel Bilder von einem Schwimmbad oder einem Strand. Sehr oft Zeichen von Zärtlichkeit, wo der Takt eine Rolle spielt.

MADAME LÉNA: Wenn ich masturbiere, geht die Lust bis zum Orgasmus, und ich denke dabei an eine Frau, die ich sehr geliebt habe – meine Schwester.

HUMM: Zwei Zeiträume. Von 15 bis 17 Jahren: als ich noch keine Frau kannte – eben nur platonisch. Von 17 bis 19 Jahren: narzißtische Bilder ähnlich wie die Bilder von Schwartz. Später, von 19 bis 25, nachdem ich eine Frau kannte, sadistische Phantasien, bei denen die Frau immer das Opfer war. Danach bin ich der Liebe mit imaginären Frauen immer aus dem Weg gegangen.

KATIA THIRION: In meiner Kindheit, zwei Geschlechter: das des Mannes und das der Frau. Die Vorstellung von Liebe war sehr verschwommen. Nachdem ich Verkehr gehabt hatte, niemals Bilder – ausgenommen im Traum. Das männliche Geschlecht, das sich bewegt, und es gelingt mir nie, genauso einen Orgasmus zu haben, wie wenn ich mit jemandem schlafe. Ich empfinde sogar Abscheu.

RAYMOND MICHELET: Immer Orgasmus. Vor dem Verkehr keine Phantasien.
Die Phantasien kommen dann später im Moment der Ejakulation. Das ist ein unbewußter Zustand, analog zum Traum: Bilder von Frauen, nie mehr als zwei oder drei, die ich nicht besonders gut kenne, höchstens durch zufällige Begegnung, und denen ich in Träumen wiederbegegnet bin.

SIMONE VION: Ich mache das nur beim Lesen. Danach kommt dann eine Krise. Ich habe das ziemlich lange gemacht, nachdem ich mit einem Mann geschlafen hatte. Jetzt ist das eher mechanisch und geht ziemlich schnell. Auf jeden Fall habe ich keinerlei Phantasien. Ich empfinde eine Art von unbewußtem Zustand. Es ist vorgekommen, daß ich ein – keineswegs erotisches – Buch nahm, um es zu machen.

PAUL ELUARD: Haben Sie jemals bis zur Ejakulation vor einer Person des anderen Geschlechtes masturbiert, ohne sich zu verbergen?
HUMM: Ja, einmal.
SCHNITZLER: Sehr oft.
MADAME LÉNA: Sehr oft.
PIERRE BLUM: Noch nie. Diese Vorstellung ist mir unerträglich.
SCHWARTZ: Zweimal. Einmal im Dunklen.
ALBERT VALENTIN: Fast immer.
VICTOR MAYER: Sehr oft.
PAUL ELUARD: Sehr oft.
SIMONE VION: Noch nie. Und werde es auch nicht so schnell tun. Unerträgliche Vorstellung.
PIERRE UNIK: Mehrere Male, mit einer einzigen Frau.
RAYMOND MICHELET: Noch nie. Keine besondere Lust dazu.
KATIA THIRION: Niemals. Aber die Idee ist mir nicht unerträglich.
ANDRÉ THIRION: Zweimal. Einmal trotz meines Protestes. Das hat mir gestunken. Das zweite Mal auch.
ANDRÉ BRETON: Einige Male. Mit einer einzigen Frau, die ich nicht liebe.
ANDRÉ THIRION: Haben Sie sich berührt, bevor oder nachdem sie mit jemandem geschlafen haben?

Allgemeines Ja, außer Simone Vion, Schwartz, André Thirion

HUMM: Haben Sie sich nach der Pubertät je – und wenn ja, wie oft – bewußt von einer Person desselben Geschlechts angezogen gefühlt?
VICTOR MAYER: Ja. Nicht oft. Zwei- oder dreimal in meinem Leben.
PAUL ELUARD: Nie. Ach doch! Einmal, ich war sehr jung.
SIMONE VION: Verschiedene Frauen, das ganze hat mit dem Gefühl begonnen, das ich hatte, daß sie es war, die mich liebte. Unglückliche Liebe zu einem Mädchen, platonische Liebe.
ALBERT VALENTIN: Nie, nie.
RAYMOND MICHELET: Vielleicht einmal, auf sehr unbestimmte Art.
KATIA THIRION: Nie.

ANDRÉ THIRION: Einmal sehr klar, mit 17, von einem dreizehnjährigen Jungen.

ANDRÉ BRETON: Nie.

HUMM: Von 15 Jahren an nie.

MADAME LÉNA: Sehr oft, bei vielen Frauen.

SCHNITZLER: Dreimal.

PIERRE BLUM: Einmal.

SCHWARTZ: Nie.

PIERRE UNIK: Nein.

ALBERT VALENTIN: In welchem Maße interessieren sich Frauen für Beziehungen zwischen zwei Männern und beschäftigen sich damit, inwiefern sind sie ihnen gegenüber positiv eingestellt, und wie stellen sie sich diese Beziehungen vor? Und andererseits, in welchem Maße billigen sie Beziehungen zwischen zwei Frauen und haben sich ihnen hingegeben?

KATIA THIRION: Zwischen zwei Männern, diese Vorstellung stößt mich völlig ab. Ich versuche nicht, mir diese Beziehungen vorzustellen. Zwischen zwei Frauen kann ich es zur Not noch akzeptieren, ich habe das nie gemacht.

MADAME LÉNA: Für die Männer akzeptiere ich das ohne weiteres und finde diese Vorstellung sehr erregend. Ich mag es, wenn zwei Männer sich streicheln, aber nicht, wenn sie miteinander Analverkehr haben. Ich habe ein sehr starkes Verlangen zuzusehen. Ich akzeptiere es ohne weiteres für Frauen, ich bin ganz und gar für solche Beziehungen. Ich habe 16 Frauen gehabt.

SIMONE VION: Das stößt mich überhaupt nicht ab, ich habe sehr gute Freunde gehabt, die homosexuell waren, und diese Vorstellung würde mich nicht stören. Gleichgültigkeit. Keine bildliche Vorstellung. Ich habe mich buchstäblich mehreren Frauen verweigert, weil ich sie nicht begehrte, aber das kann durchaus noch kommen. Ich habe das nie gemacht.

Dieselbe Frage wird an die Männer gerichtet.

SCHWARTZ: Zwischen zwei Frauen sehe ich nichts Negatives, das erregt mich ein ganz klein wenig, nicht auf eine klar umrissene Art. Zwischen zwei Männern läßt mich das kalt. Bisher nie gemacht. Ein Anflug von Abscheu.

PIERRE BLUM: Zwischen zwei Frauen kann ich es sehr gut akzeptieren. Zwischen zwei Männern schockiert es mich nicht, aber ich mag verweiblichte Männer nicht. Niemals gemacht.

SCHNITZLER: Ich akzeptiere alles. Für mich ist das derselbe Akt, dieselbe Sache. Ich habe mich ihm dreimal hingegeben.

HUMM: Ich habe es noch nicht geschafft, ohne Abscheu an Beziehungen zwischen Männern zu denken. Zwischen Frauen gefällt mir das überhaupt nicht, aber es stößt mich auch nicht ab. Niemals gemacht!

ANDRÉ THIRION: Theoretisch gefallen mir Beziehungen zwischen Frauen, praktisch stoßen sie mich ab. Zwischen Männern erscheint mir das praktisch unmöglich, obwohl ich es versucht habe, vergeblich.

RAYMOND MICHELET: Dasselbe wie Thirion.

ALBERT VALENTIN: Beziehungen zwischen Frauen gegenüber bin ich sehr positiv eingestellt. Ich bin gern dabei, sogar mit der Frau, die ich liebe. Die Homosexuellen, ob sie es nun gelegentlich oder professionell tun, stoßen mich mehr ab als alles andere auf der Welt. Niemals gemacht.

PAUL ELUARD: Größter Haß auf vermännlichte Lesbierinnen, größte Schwäche für Lesbierinnen, die Frauen bleiben. Ich verabscheue Beziehungen zwischen Männern, wegen der geistigen Deformationen, die sie verursachen. Niemals gemacht!

VICTOR MAYER: Ich verabscheue die Lesbierinnen, die Männerrollen spielen wollen, die anderen erregen mich. Die Beziehungen zwischen Männern stoßen mich ab, ich finde sie lächerlich, lachhaft wie den Koitus zwischen einem Stern und einem Hund. Nie gemacht.

ANDRÉ BRETON: Dieselbe Antwort wie Valentin. Lesbierinnen finde ich sehr interessant.

PIERRE UNIK: Beziehungen zwischen Frauen erregten mich früher sehr, erregen mich inzwischen aber sehr viel weniger. Ich sehe sie dennoch unter einem positiven Blickwinkel. Beziehungen zwischen Männern stoßen mich physisch in höchstem Grade ab.

Wie stellen Sie sich Beziehungen zwischen zwei Frauen und zwei Männern vor?

BAUER: Zwischen zwei Frauen kreisförmige erotische Beziehungen. Zwischen zwei Männern weigere ich mich, mir was auch immer vorzustellen. Denn hundertprozentige Homosexualität isoliert das Individuum von seiner Kollektivität.

PAUL ELUARD: Auf alle Arten: oral, masturbatorisch, etc. Zwischen Männern: aus der Phantasie. ich habe Bücher gelesen. Das interessiert mich nicht.

PIERRE UNIK: Zwischen Frauen, wechselseitige Masturbation und Küssen auf den Mund. Zwischen Männern stelle ich mir nie etwas vor. Das ist uninteressant.

SIMONE VION: Gar kein Bild.

RAYMOND MICHELET: Zwischen Frauen: Masturbation, Küsse. Zwischen Männern: kein Bild mit einem auf dem anderen.

KATIA THIRION: Zwischen Männern: ich stelle mir alles vor, was sie machen können. Das interessiert mich nicht. Zwischen Frauen: Fellatio. Und das interessiert mich auch nicht.

ANDRÉ THIRION: Die Frauen: daß sie sich an die Brüste fassen. Für Männer keine Vorstellung.

PIERRE BLUM: Frauen: Sukkuben. An Männer denke ich nicht.

HUMM: Bei Frauen: Zärtlichkeit, Liebkosungen – bis zur Fellatio. Männer: Keine Vorstellung.

MADAME LÉNA: Männer, die sich streicheln. Frauen: Geschlecht auf Geschlecht.

SCHNITZLER: Männer: Masturbation. Frauen: Masturbation und Liebkosungen.

SCHWARTZ: Frauen: Liebkosungen über den ganzen Körper und Geschlecht auf Geschlecht. Beim Mann: Liebkosungen über den ganzen Körper.

ANDRÉ BRETON: Bei Frauen: erotisch-orale Beziehungen. Für Männer: uneingeschränkter Analverkehr. Das finde ich ganz widerlich, und für mich sind die Arschficker selber die, die was in den Arsch gesteckt kriegen, die aufs Kreuz gelegt werden.

ALBERT VALENTIN: Für die Männer: Abscheu siegt über die Vorstellungskraft. Für die Frauen: Streng oraler Natur (Mund auf Geschlecht) und in dem Maße, wie ich dabei sein kann.

MADAME LÉNA: In welchem Alter haben Sie 1. ejakuliert, 2. zum ersten Mal mit jemandem geschlafen?

PIERRE UNIK: 1. 13 Jahre. 2. 16 Jahre.

PAUL ELUARD: 1. 13 Jahre. 2. 14 1/2.

SIMONE VION: 16 Jahre.

RAYMOND MICHELET: 1. 12 Jahre, 2. 17 Jahre.

ANDRÉ BRETON: 1. 13 Jahre, 2. 18 Jahre.

KATIA THIRION: 1. 8 Jahre, 2. 20 Jahre.

ANDRÉ THIRION: 1. 11 Jahre, 2. 16 Jahre.

HUMM: 1. 13 Jahre. 2. 19 Jahre.
VICTOR MAYER: 1. 9 Jahre, 2. 12 Jahre.
PIERRE BLUM: 1. 14 Jahre, 2. 22 Jahre.
MADAME LÉNA: 1. 8 Jahre, 2. 11 Jahre.
SCHNITZLER: 1. 15 Jahre, 2. 18 Jahre.
SCHWARTZ: 22 Jahre.
ALBERT VALENTIN: 1. 11 Jahre, 2. 16 Jahre.
ALBERT VALENTIN: Was sagen Sie im Moment des Orgasmus?
PIERRE UNIK: Das längste, was ich je gesagt habe, war «Ha!»
SIMONE VION: Ich sage nichts.
RAYMOND MICHELET: Nichts.
ANDRÉ BRETON: Nichts.
ANDRÉ THIRION: Ich glaube, daß ich einmal «Liebling» gesagt habe.
HUMM: *(Völliges Schweigen)*
VICTOR MAYER: Nichts.
PIERRE BLUM: Mit der Person, die ich liebe, «Liebling». Mit anderen, nichts.
MADAME LÉNA: Normalerweise sage ich «Fernande» (meine Schwester) oder «Dani» (ein Arzt, den ich sehr geliebt habe, mit dem ich nie geschlafen habe) oder «Pierre».
SCHNITZLER: Nichts.
SCHWARTZ: «Mein Liebling» oder «Mein Schatz».
KATIA THIRION: «Ich liebe dich (a. o. i...)».[4]
ALBERT VALENTIN: «Schlampe.» «Schmutz.» «Hure» (etc.).
PAUL ELUARD: Ich rede ununterbrochen.

Zehntes Gespräch

26. November 1930

André Breton, Paul Eluard, Jeannette Tanguy, Yves Tanguy, Pierre Unik.

PAUL ELUARD: Yves, auf welche Art hast du dir, den, wie soll ich sagen?... den..., den Wiederanfang vorgestellt..., den..., den Anfang... Scheiße!... Als du ein Kind warst, wie hast du dir vorgestellt, eine Frau des anderen Geschlechts anzusprechen...[1], wie hast du dir vorgestellt, Liebesbeziehungen zu haben? Durch einen Kuß? Durch Streicheln? War es durch Berührung? Durch...

YVES TANGUY: Das ist ziemlich vage.

PAUL ELUARD: Verstehst du? Du hast an Frauen gedacht? Auf welche Weise?

YVES TANGUY: Ja, ich weiß, was du meinst, aber... Durch weniger direkte Sachen. Reden zum Beispiel. Sehr weit entfernte Sachen.

PAUL ELUARD: Die Anwesenheit also.

YVES TANGUY: Genau.

PAUL ELUARD: Und Unik?

PIERRE UNIK: Schwierig.

PAUL ELUARD: (Entschuldigt sich zum zweiten Mal:) «Ich war verliebt und ein Kind, und unberuhrt.»

PIERRE UNIK: Das passierte auf eine sehr ideale Weise.

PAUL ELUARD: Es gibt immer eine Möglichkeit für geplante Beziehungen. Physische Beziehungen. Als du voll entwickelt warst, natürlich.

PIERRE UNIK: Ich hatte nicht den Eindruck, daß ich mit ihr schlafen könnte. Ich zog die Frage in Erwägung. Mit etwa 16 Jahren.

PAUL ELUARD: Nicht vorher?

PIERRE UNIK: Nein. Vorher hatte ich physische Phantasien, ich hatte sexuelle Begierden, die sehr heftig gewesen sein mögen, aber nicht in Beziehung zu einer bestimmten Frau standen.

PAUL ELUARD: In Beziehung zu Bildern? Nackte Körper oder Köpfe? War dein Blick bei den Bildern auf den Körper gerichtet?

PIERRE UNIK: Sehr wenig.

ANDRÉ BRETON: Auf das Gesicht. Das hat sehr spät (17, 18 Jahre) Form angenommen, in den Bildern von Gustave Moreau (Gesicht, Blick). Völlig ideale Liebe.

PAUL ELUARD: Du kanntest natürlich die Möglichkeit physischer Beziehungen?

ANDRÉ BRETON: Ja, seit ich ungefähr 9 war, Enthüllungen durch einen Schüler in der Volksschule, die ich völlig mit Bildern aus der französischen Geschichte assoziiere (er zeichnete Geschichtsszenen), besonders mit dem Bild von Karl dem Kahlen und einem schmutzigen Lied, *Père Nostrom*.

YVES TANGUY: Sehr seltsam. Es gibt eine zotige Geschichte über Karl den Kahlen, der jeden Morgen masturbiert (der sich das Gehirn rausspringen läßt usw.).

PAUL ELUARD: Wie hast du die Möglichkeit zu masturbieren entdeckt?

ANDRÉ BRETON: In Lorient, mit etwa 12, wenn ich mich recht erinnere, in den Wasser-Klosetts im bretonischen Stil. Ganz allein. Hatte nie davon gehört. Tiefempfundene Lust, aber Beunruhigung vor der Ejakulation.

PAUL ELUARD: Unik, hattest du sexuelle Beziehungen, die von Begierden begleitet waren, bevor du masturbiertest? Hat dich das bewegt? Verunsichert?

PIERRE UNIK: Lange vorher? Nein.

PAUL ELUARD: Hat diese Vorstellung dich bewegt, hat sie ein Verlangen hervorgerufen?

PIERRE UNIK: Mit 8 Jahren kannte ich ein kleines Mädchen. Sie war ganz rein. Ich küßte sie aufs Gesicht.

PAUL ELUARD: Hast du nie daran gedacht, das Geschlecht eines kleinen Mädchens anzugucken?

PIERRE UNIK: Nein, niemals, nicht ein einziges Mal.

PAUL ELUARD: Hast du das Geschlecht eines Erwachsenen gesehen?

PIERRE UNIK: Nie, bis ich mit jemandem schlief.

PAUL ELUARD: Wann hast du masturbiert?

PIERRE UNIK: Das wurde mir von einem Typ namens Cordebarre in der Schule beigebracht.

PAUL ELUARD: Hat er es dir gezeigt?

PIERRE UNIK: Er hat mir nur davon erzählt. Er hat mir erklärt... wie man das macht. Ich habe das sofort mit dem Wort «Onanie» assoziiert, das ich im Lexikon gelesen hatte, das mir aufgefallen war wegen der verderblichen Übel, die mit ihm einhergingen. Ich hatte Vorbehalte und habe ihm das mitgeteilt.

PAUL ELUARD: Über die Gesundheit?

PIERRE UNIK: Ja. Nachdem mehrere andere Kameraden mir davon erzählt haben, habe ich es versucht.

PAUL ELUARD: Ich habe masturbiert, ich hatte keine Ejakulation (12 Jahre). Ich habe sechs Monate lang ohne Ejakulation masturbiert. Aber mit Orgasmus.

YVES TANGUY: Ich habe seit [dem Alter von] 5 Jahren jedesmal mit Orgasmus masturbiert. Mit etwa 10 oder 11 Jahren kam die Ejakulation.

PIERRE UNIK: Das ist eine sehr dumme Frage, was soll's. Schreib das nicht auf. Findest du, absolut gesehen, daß es gut ist, Geschlechtsverkehr zu haben? Selbst wenn du keine Lust dazu hast?

PAUL ELUARD: Ist das wünschenswert?

PIERRE UNIK: Nicht unbedingt. Ist es moralisch gut, selbst ohne eine bestimmte Frau im Blick zu haben? Selbst ohne ein Verlangen danach zu haben?

PAUL ELUARD: Sehr gute Frage.

ANDRÉ BRETON: Ohne ein moralisch nicht zu vertretendes Verlangen zu haben?

YVES TANGUY: Warum?

ANDRÉ BRETON: Ohne physische oder moralische Notwendigkeit, käme das einem *acte gratuit* gleich, was ich mir nicht vorstellen kann, oder Angeberei.

PAUL ELUARD: Es ist nicht besser vorstellbar als Masturbation ohne Bilder von Frauen, aber im übrigen ist es für mich, darauf bestehe ich, wünschenswert, Geschlechtsverkehr zu haben. Aber das ist für mich eine moralische Vorstellung.

ANDRÉ BRETON: Warum?

PAUL ELUARD: Ich halte die Keuschheit für unmoralisch und schädlich.

ANDRÉ BRETON: Warum?
PAUL ELUARD: Weil für mich die sexuelle Betätigung die Basis aller Geistestätigkeit ist.
ANDRÉ BRETON: Ich halte die physische Liebe für etwas, das die Entleerung des Geistes von fast allen Ideen zur Folge hat.
PAUL ELUARD: Absolut dagegen, a priori.
YVES TANGUY: A priori?
PAUL ELUARD: Und a posteriori.
ANDRÉ BRETON: Warum a priori?
PAUL ELUARD: Ich ziehe aus dem Begehren genauso viel geistige Befriedigung wie aus der Befriedigung dieses Begehrens.
ANDRÉ BRETON: Na also! Warum dann noch das Begehren befriedigen?
PAUL ELUARD: Um es zu erneuern.
ANDRÉ BRETON: Von einer Person zur anderen?
PAUL ELUARD: Oder zur selben, das ist ziemlich egal.
ANDRÉ BRETON: Warum sollte man das Begehren erneuern? Ist es ungenügend an sich, und wenn man es nach einer letzten Analyse als ungenügend an sich beurteilt, wie kann man dann akzeptieren, es zu erneuern?
PAUL ELUARD: Um das Objekt dieser Begierde zu erneuern.
ANDRÉ BRETON: Das Objekt erneuern kann in einem solchen Fall nur heißen, es zu ändern.
PAUL ELUARD: Ganz genau, selbst wenn die Person dieselbe ist. Es gibt für mich keine Verwirklichung des Begehrens, das einem anderen entspricht.[2]
ANDRÉ BRETON: Diese Vorstellung stellt die Idee von der Liebe über das geliebte oder zu liebende Wesen, d. h. sie macht daraus ein Mittel zum Zweck. Ich liebe die Frau zu sehr, und ich halte mich für unbedingt fähig, *eine* Frau zu lieben, um nicht etwas gegen eine derartige Einstellung zu haben.
PAUL ELUARD: Nicht die Idee der Liebe erschafft ein Wesen, sondern ein Wesen, das liebt, neigt dazu, um das Leben möglich zu machen, es zu ändern (das Leben). Das Leben ist nur dann eintönig, wenn man nicht liebt, und die verschiedenen Arten des Begehrens und der Befriedigung dieses Begehrens betreffen die Liebe. Man kann nicht lieben, wenn das Begehren immer gleich ist.
ANDRÉ BRETON: [3]Würde es Tanguy gefallen, sich von einer Frau mit Hilfe eines Godemiché ficken zu lassen?

YVES TANGUY: Sehr. Die Frage ist ein wenig neu für mich. Kein Bezug zur Homosexualität!

PAUL ELUARD: Ich habe mich niemals zum Analverkehr hergegeben, und ich könnte einem derartigen Unternehmen nur nachgeben, wenn ich es von einem erotischen Standpunkt aus notwendig für die Frau, die ich liebe, hielte.

PIERRE UNIK: Diese Frage erscheint mir völlig verrückt.

ANDRÉ BRETON: Frage, die ich auf eine theoretische Weise völlig verteidige, da die Frau daraus keinerlei physische Lust ziehen kann, und der Mann, nehme ich an, auch nicht.

PIERRE UNIK: Also was? Eine moralische Lust?

ANDRÉ BRETON: Eine moralische «Lust».

PIERRE UNIK: *(Geste des Unverständnisses)*

PAUL ELUARD: *(Zu Breton)* Könntest du dich, wenn du eine sehr perverse Frau liebtest, einem Mann hingeben, wenn sie das Verlangen danach hätte?

ANDRÉ BRETON: Die Frage stellt sich nicht, weil ich diese Frau nicht lieben würde, mein Gefallen an Perversität bei Frauen hört an dem Punkt auf.

PAUL ELUARD: *(Protest)* Ich verstehe nicht, wie man sagen kann, man könne so eine Frau nicht lieben, denn dieser Wunsch kann im Laufe der Liebe entstehen.

ANDRÉ BRETON: Die Liebe wäre in einem derartigen Fall seit langem zu Ende.

Elftes Gespräch

26. Januar 1931

André Breton, Paul Eluard, Georges Sadoul, Pierre Unik, Albert Valentin.

PAUL ELUARD: Sadoul, hast du schon einmal zwischen den Brüsten einer Frau Verkehr gehabt?

GEORGES SADOUL: Nein. Ich mag eng zusammenstehende Brüste nicht, und die Vorstellung, sie noch näher zusammenzubringen, ist mir unangenehm.

ALBERT VALENTIN: Ja. Mit zwei Frauen, die meine Geliebten waren.

ANDRÉ BRETON: Die Männer haben doch auch einen Pimmel zwischen ihren Eiern, wie kommt es dann, daß die Frauen nichts zwischen ihren Brüsten haben?

ALBERT VALENTIN: Das gehört zu den unmöglichen Fragen.

PAUL ELUARD: Nein.

GEORGES SADOUL: Hm... tja... ich weigere mich, auf diese Frage zu antworten.

PAUL ELUARD: Es regnet.

ANDRÉ BRETON: Valentin, wodurch würdest du den Pimmel ersetzen?

ALBERT VALENTIN:...: Das ist eine Untersuchung über die Sexualität. Nun gut, Samen also!

ANDRÉ BRETON: ... Sadoul, was würdest du an Stelle der Luft setzen?

GEORGES SADOUL: ... Die Atmung.

PIERRE UNIK: Breton, was für einen Eindruck macht auf dich der Ausdruck «Feuer im Arsch haben», wenn es sich um eine Frau handelt?

ANDRÉ BRETON: Das ist die Ausdrucksweise eines geilen Bocks...

PAUL ELUARD: Breton, denkst du, daß Baffo[1] ein Schwein war?

ANDRÉ BRETON: Das müßte erst noch untersucht werden, aber Baffo hat ein wunderbares Gedicht geschrieben, vielleicht ist es sein einziges, mit dem Titel *Übertreibung über eine Möse*.

PAUL ELUARD: Und was denkst du im allgemeinen über erotische Literatur, ich spreche von der, die beim Namen nennt, wovon sie handelt?

ANDRÉ BRETON: Ich habe eine denkbar schlechte Meinung von erotischer Literatur (Sade, Louÿs sind für mich keine erotische Literatur). Beim Namen nennen, wovon man spricht, das scheint mir das Mindeste zu sein, was man tun kann. Ich nenne, unter einigen Schwierigkeiten – aber selbst vor der Frau, die ich liebe (die es nicht liebt, daß ich das so nenne) –, einen Schwanz einen Schwanz, eine Möse eine Möse und so weiter.[2]

PAUL ELUARD: Valentin, du, der du in der Liebe von Wörtern Gebrauch machst, die man gemeinhin als vulgär bezeichnet, kannst du mir sagen, wie du sie rechtfertigst? Sexuell?

ALBERT VALENTIN: Sexuell nicht zu rechtfertigen. Ich habe hintereinander zwei Frauen – die einzigen – geliebt, von denen die eine es nicht toleriert hätte, daß ich diese Worte benutze, ich gebrauchte Umschreibungen, während die andere sie forderte. Ich zog die zweite Art des Umgangs bei weitem vor. Da mir das zur Gewohnheit wurde, habe ich bei Frauen, die ich nicht liebte, damit weitergemacht.

ANDRÉ BRETON: Problemfrage an Eluard: du erhältst per Post einen anonymen Brief, der eine Frauenhose enthält, und auf einem Blatt Briefpapier die Worte «Ich liebe dich».

ALBERT VALENTIN: Ist die Hose neu oder ist sie getragen worden?

ANDRÉ BRETON: Die Frage an Eluard geht nicht darum.

PAUL ELUARD: Ich schmeiße sie weg.

ANDRÉ BRETON: Das Wort «anonym» hat ihn verwundert. Diese Hose ist die einer Frau, die du seit langem nicht mehr gesehen hast.

PAUL ELUARD: In diesem Fall behalte ich sie natürlich. Wenn es die Frau ist, die ich liebe, und wenn ich sie wiedersehen möchte, ist es unvermeidlich, daß ich sie wiedersehe. Wenn es eine Frau ist, die mir sympathisch war und die mir in guter Erinnerung ist, dann wäre ich sehr gerührt.

ANDRÉ BRETON: Wenn ich anonym eine Hose bekäme, wäre ich in höchstem Maße verstört. Das würde mir mein Leben ganz schön durcheinanderbringen. Furchtbar belastend.

PAUL ELUARD: Ich schmeiße sie weg.

Breton, hast du immer ein Gefühl für die Liebe, die eine Frau für dich hat?

ANDRÉ BRETON: Da der Pessimismus das seine dazu tut, glaube ich, für nichts anderes empfänglich zu sein und nie für etwas anderes empfänglich gewesen zu sein. Ich habe jedesmal die gegenteilige Illusion.

GEORGES SADOUL: Sicher nicht unter bestimmten Bedingungen... Nein...

PAUL ELUARD: Es geht darum, mit der Frau zu schlafen, die Sie liebt...

ANDRÉ BRETON: So hatte ich die Frage nicht verstanden. Ich antworte nein.

GEORGES SADOUL: Auch nein, wenn es sich um eine Frau handelt, die ich nicht liebe.

ANDRÉ BRETON: Valentin, was hältst du von der Idee, dich selbst zu befriedigen und ins Ohr der Frau zu ejakulieren?

ALBERT VALENTIN: Außer Frage.

ANDRÉ BRETON: Rein surrealistische Frage.

PAUL ELUARD: Ich habe das schon gemacht. Sehr gut... Nein, nicht sehr gut, das kommt darauf an.

GEORGES SADOUL: Ich habe das nie gemacht, aber das interessiert mich.

ANDRÉ BRETON: Das würde die Frau nur von einer Seite befriedigen. Die Welt ist schlecht konzipiert.

PIERRE UNIK: Das Ohr ist für die Zunge, nicht für den Schwanz gemacht.

ANDRÉ BRETON: Siehe Molière...

GEORGES SADOUL: Und in die Nase?

PAUL ELUARD: Das gefällt mir nicht. Ich verabscheue die Nase. Komplex. Bin dagegen.

PIERRE UNIK: Siehe Courteline.[3]

PAUL ELUARD: Leckt Breton gern den Augapfel einer Frau?

ANDRÉ BRETON: Ich wäre gern ein Vampir, Inkubus etc. Aber das Leben läßt mir nie die Zeit, den Augapfel zu lecken und so weiter.

PAUL ELUARD: Es geht nicht darum, Zeit dafür zu haben, sondern das ist eine Praktik, die ich schon ausgeübt habe und die mir bemerkenswert angenehm ist.

GEORGES SADOUL: Das ist ziemlich abstoßend.

PAUL ELUARD: Das ist wunderbar.

ANDRÉ BRETON: Sadoul, was hältst du von der Idee, jeden Tag in Gesellschaft einer sehr begehrenswerten Frau zu Mittag zu essen, die dir nackt gegenübersäße, und die zu berühren du absolut kein Recht hättest?

GEORGES SADOUL: Ja, das gefällt mir zweifelsohne. Ich mag das lieber als alleine zu essen.

ALBERT VALENTIN: Ich ziehe es vor, an dem Tag nicht zu Mittag zu essen. Unerträglich. Ich kriege einen Steifen und habe nicht das Recht, diese Frau anzufassen! Außer Frage. Ich gehe nicht in den Louvre.

PIERRE UNIK: Ich bin zur Zeit pessimistisch genug, um ja zu sagen, ich finde das in den meisten Fällen wohl besser, als mit einer Frau zu schlafen.

ANDRÉ BRETON: Das ist absurd.

PAUL ELUARD: Ich habe mir das immer gewünscht, wie viele andere Dinge derselben Art, aber das würde mir keineswegs eher eine Erektion verschaffen, als wenn sie angezogen wäre.

ANDRÉ BRETON: Darüber werde ich eines Tages ein Buch schreiben.

Zwölftes Gespräch

1. August 1932

André Breton, Paul Eluard, Gui Rosey, Yves Tanguy.

GUI ROSEY: Ist der Orgasmus bei der Frau intensiver als beim Mann? Breton?

ANDRÉ BRETON: Weniger intensiv.

PAUL ELUARD: Weiß nicht.

YVES TANGUY: Weniger heftig, aber länger andauernd.

GUI ROSEY: Viel heftiger und viel länger. Reihenfolge der bevorzugten Liebkosungen für Eluard (zuerst eine Frau, die er noch nie gehabt hat)?

PAUL ELUARD: Keine. Daß sich die Frau meine Liebkosungen gefallen läßt. Die Brüste.

GUI ROSEY: Meine Fresse! Egoist. Wenn Breton mir gestattet, daß ich ihm dieselbe Frage stelle.

ANDRÉ BRETON: Keine. Initiative der Frau.

YVES TANGUY: [1] Der Anus +...[2].

PAUL ELUARD: Wie vereinbaren Sie Ihre Liebe zur Frau mit Ihrer Vorliebe für Analverkehr? (Da Vorliebe für Analverkehr normalerweise homosexuell ist, wird die Frau nur durch ihren Geschlechtsunterschied charakterisiert und nicht durch ihre Ähnlichkeit von hinten.)

GUI ROSEY: Ich liebe Frauen mit kleinem Hintern, bei dem das Einführen des Gliedes genauso leicht geht wie in die Vagina. Unter diesen Bedingungen verdopple ich meine Lust durch die Enge des Anus, und ich kann außerdem noch die Klitoris der Frau streicheln.

YVES TANGUY: Analverkehr ist nicht homosexuell. Mich interessiert das, weil es eine Frau ist. Keine Erklärung.

ANDRÉ BRETON: [Die Frage der] Vereinbarkeit stellt sich nicht. Ich ziehe Analverkehr zunächst aus moralischen Gründen vor, vor allem aus Nonkonformismus. Kein Kind mit einer Frau, die man nicht liebt. Mit einer Frau, die ich liebe, erscheint mir ihre Hingabe in dieser Form unendlich viel rührender.

PAUL ELUARD: Warum?

ANDRÉ BRETON: Unter einem materialistischen Blickwinkel ist das bei einer Frau, die ich liebe, unendlich pessimistischer (Gesetz der Scheiße) und infolgedessen poetischer.

PAUL ELUARD: Warum zum Beispiel erscheint dir die Vorstellung von Empfängnis durch den Koitus nicht pessimistischer als die Scheiße?

ANDRÉ BRETON: Weil sie dem Werden entspricht, das sich für mich mit der Idee des Guten vermischt.

PAUL ELUARD: Für mich sind die zwei Wesen im Moment des Koitus sich selbst genug, und die Fortpflanzung ist das Übel.

ANDRÉ BRETON: Völlig christliche Vorstellung von der Frage.

GUI ROSEY: Glauben Sie nicht, daß [1.] man von einem leidenschaftlichen Gesichtspunkt aus und eben um sich ganz der geliebten Frau zu erhalten und umgekehrt die Idee von der Fortpflanzung auf systematische Weise eliminieren muß? 2. daß es aus einem streng materialistischen Gesichtspunkt empfehlenswert ist, nicht zu zeugen? 3. daß man sich auf Onanie beschränken sollte?

ANDRÉ BRETON: 1. [Ich habe] das lange Zeit gedacht. Ich denke, daß es ein Irrtum dieser Art ist, der mein Leben endgültig ruiniert hat. 2. Nein. 3. Unter den aktuellen Lebensbedingungen und wenn die Liebe stärker wäre als andere bestimmende Faktoren, theoretisch ja.

GUI ROSEY: Wären Sie nicht schmerzlich in Ihrem intellektuellen Wert getroffen, wenn Sie ein Kind in die Welt gesetzt hätten, das Ihnen unterlegen, Ihnen nicht ebenbürtig wäre?

ANDRÉ BRETON: Das könnte nicht das Kind der Frau sein, die ich liebe. Folglich [wäre es] besser, es wäre unterlegen.

PAUL ELUARD: Könnten Sie immer *ausschließlich* Fellatio akzeptieren?

ANDRÉ BRETON: Nein.

YVES TANGUY: Nein.

GUI ROSEY: Nein.

PAUL ELUARD: *Ausschließlich* Analverkehr?

ANDRÉ BRETON: Nein.

YVES TANGUY: Nein.

GUI ROSEY: Nein.

Anhang

Über die Gesprächsteilnehmer

von Martina Dervis

Die folgenden biographischen Hinweise sollen vor allem Informationen zu den weniger bekannten Personen bieten. Über einige von ihnen – Humm, Madame Léna, Victor Mayer (oder Meyer), Schnitzler oder Schwartz konnten allerdings weder José Pierre noch der Übersetzer der englischen Ausgabe, Malcolm Imrie, noch ich irgend etwas in Erfahrung bringen; über Madame Unik ist, abgesehen von ihrem Ehestand, nichts bekannt, über Jeannette Tanguy kaum mehr als ein paar Anekdoten. José Pierre vermutet, daß es sich bei Simone Vion um Albert Valentins Freundin handelt. Im Falle von Baldensperger, Blum und Michelet griff ich auf José Pierres Anmerkungen zurück, ansonsten auf die am Ende aufgeführten Quellen. Bei bekannteren Personen habe ich mich bewußt auf die wichtigsten Lebensdaten und eine Auswahlbibliographie beschränkt, wobei der Schwerpunkt auf der Zeit der Zugehörigkeit zur Gruppe liegt. Detailliertere Informationen und eine ausführliche Bibliographie enthält das bisher umfangreichste Nachschlagewerk zum Surrealismus, das *Dictionnaire général du surréalisme et de ses environs* (hrsg. von Adam Biro und René Passeron, Office du livre S.A., Fribourg 1982). Die beste auf deutsch verfügbare Einführung zum Surrealismus ist Maurice Nadeaus *Geschichte des Surrealismus* (Reinbek bei Hamburg: Rowohlt; ergänzte Neuausgabe 1992), die eine ausführliche Bibliographie mit Angabe der deutschen Übersetzungen enthält.

Maxime Alexandre (*1899, Wolfisheim – †1976, Strasbourg)

Maxime Alexandre war von 1924 bis 1923 ein aktives Mitglied der surrealistischen Gruppe; er brachte vor allem seine Kenntnis der deutschen Romantik in die Gruppe ein. Anläßlich der «Aragon-Affäre» verfaßte er zusammen mit Pierre Unik den Traktat *Autour d'un poème*, in dem er sich vom Surrealismus verabschiedete. Er, der in *La Révolution surréaliste* und in *Le surréalisme au service de la révolution* einen heftigen Antiklerikalismus vertreten hatte, bekehrte sich 1949 zum Katholizismus, distanzierte sich aber bald darauf von der katholischen Kirche. Neben zahlreichen Romanen veröffentlichte er Studien über die deutsche Romantik, Geschichtswerke über deutsche und elsässische Literatur, außerdem: *Les dessins de la liberté* (1927), *Le corsage* (1931), *Cassandre de Bourgogne* (1939), *Durst und Quelle* (1952) und, beide mit Illustrationen von Hans Arp, *L'enfant de la terre* (1965) und *L'oiseau de papier* (1973). Seine *Mémoires d'un surréaliste* erschienen 1968, sein *Journal* 1951–1975 im Jahre 1976. Auf deutsch sind erschienen: *Das Meer sang fern von uns*, Berlin 1984, und *Memoiren eines Surrealisten* (mit einem Flugblatt zur «Affäre Aragon», Auszügen aus dem Tagebuch und einer Chronik des französischen Surrealismus, Tübingen 1987).

Louis Aragon (* 1897, Paris – † 1982, Paris)

Louis Aragon war wie Breton im Ersten Weltkrieg im sanitären Dienst eingesetzt; sie lernten sich 1917 im Krankenhaus Val-de-Grâce kennen. Mit Philippe Soupault zusammen gründeten sie im Jahre 1919 *Littérature*, eine Zeitschrift, die in ihren zwei Serien den Gang ihrer Herausgeber vom Dada zum Surrealismus dokumentiert.
Während der zwanziger Jahre war Aragon nicht nur einer der engsten Freunde Bretons, er war auch der einzige, der mit ihm Verantwortlichkeiten und Initiativen in der Gruppe teilte und bisweilen ein wirkliches Gegengewicht zu Bretons oft exzessiven Resolutionen und Beschlüssen bildete (die vorliegenden Gespräche über die Sexualität sind ein gutes Beispiel dafür). Er veröffentlichte Lyrik und Prosa und galt schnell als einer der begabtesten Schriftsteller in der Gruppe. Einige seiner Texte, so *Le paysan de Paris* (1926, dt. Pariser Landleben, München 1969) und *Traité de style* (1928, dt. Abhandlung über den Stil, Berlin 1986) zählen zu den grundlegenden Texten des Surrealismus.
Zusammen mit Breton, Eluard, Péret und Unik trat er 1927 der KPF bei. Im Jahre 1930 nimmt er mit Georges Sadoul am II.

Internationalen Kongreß revolutionärer Schriftsteller in Charkow teil, um dort die surrealistischen Interessen zu vertreten. Statt dessen unterschreiben sie eine Erklärung, in der Idealismus, Freudianismus und Trotzkismus verdammt werden. Zum Beweis seiner Linientreue verfaßt er das Gedicht *Front Rouge* (Rote Front), das in *La Littérature de la Révolution mondiale*, dem Organ des Internationalen Verbands revolutionärer Schriftsteller, veröffentlicht wird, und fährt nach Paris zurück. Das Gedicht *Front Rouge* erregte die Gemüter in Frankreich sehr – Aragon ruft darin nicht nur zur Ermordung der führenden Leute des bestehenden Regimes, sondern auch der «ungehobelten, lerneifrigen Streber der Sozialdemokratie» auf. Ein Gesuch der Surrealisten unter Bretons Führung mit dreihundert Unterschriften, in dem argumentiert wird, ein Gedicht könne nicht nach juristischen Maßstäben interpretiert werden, kann die Regierung gerade noch davon abhalten, Aragon wegen Aufhetzung zum Massenmord zu verfolgen. In der Folge entbrennt ein großer Streit mit Intellektuellen wie Gide über die Verbindlichkeit von Worten in Kunstwerken. So sehr Breton sich auch für Aragon einsetzt, persönlich gefällt ihm das Gedicht nicht: Er hält es für ein Gelegenheitsgedicht und insofern für reaktionär und rückschrittlich. Die weiteren Ereignisse in der «Affäre Aragon» – Aragon distanziert sich wegen der angeblich darin enthaltenen versteckten Angriffe auf die kommunistische Partei von der für ihn verfaßten Streitschrift Bretons – führen schließlich dazu, daß Aragon aus der Gruppe austritt.

Zusammen mit seiner Frau Elsa Triolet wurde Aragon eine der gefeiertsten Figuren der KPF, und bis 1960 kritisierte er die sowjetische Politik praktisch nie. Seine Resistance-Gedichte waren wie die Eluards sehr populär (*Le crève-cœur*, 1941; *Les yeux d'Elsa*, 1942; *Le Musée Grévin*, 1943). Er wurde 1953 Herausgeber der Zeitschrift *Les lettres françaises* und veröffentlichte zahlreiche Romane, von denen der bekannteste wohl *Aurélien* (1945, deutsch: Aurélien. Frankfurt am Main 1989) sein dürfte.

Antonin Artaud (*1896, Marseille – †1948 Ivry sur Seine)

Antonin Artaud kam 1920 nach Paris und arbeitete als Schauspieler für Theater und Film (z. B. in Filmen von Pabst und Lang, in Dreyers *La passion de Jeanne d'Arc* und *Gances Napoléon*). Er war von 1924 bis November 1926 Mitglied der surrealistischen Gruppe und schrieb verschiedene Beiträge für *La révolution surréaliste*. Mit den Surrealisten verband ihn die zentrale Bedeutung, die er dem Traum und überhaupt dem Unbewußten der menschlichen Psyche (neben magischen und okkulten Kräften) für den schöpferischen Akt beimaß. Viele seiner Ansichten («die Revolution ist rein geistiger Natur») und Aktivitäten erwiesen sich jedoch als unvereinbar mit denen der Surrealisten, besonders zu einem Zeitpunkt, als Breton, Aragon, Eluard, Unik sich gerade der KPF angeschlossen hatten, und so wurde er im Dezember 1926 aus der Gruppe ausgeschlossen. Auf das Pamphlet *Au grand jour* (April 1927), das seinen Ausschluß begründete und verschiedene beleidigende Bemerkungen über ihn enthielt, antwortete Artaud im Juni mit *A la grande nuit ou le bluff surréaliste*. Eine von beiden Seiten versuchte Wiederannäherung scheiterte endgültig, als es 1929 wegen der Inszenierung von Strindbergs Traumspiel an dem von Artaud und Vitrac 1927 eröffneten Théâtre Alfred-Jarry zu einer öffentlichen Auseinandersetzung zwischen Breton und Artaud kam, die zur Schließung des Theaters führte. In den folgenden Jahren arbeitete Artaud an verschiedenen Filmen mit und versuchte, neue Theaterpläne zu realisieren. Dabei hatte er immer wieder mit finanziellen Sorgen und persönlichen Krisen zu kämpfen und mußte sich mehrfach in psychiatrische Behandlung begeben.

Anfang der dreißiger Jahre entstanden Artauds wichtigste theaterprogrammatische Essays: seine Schrift über das *Balinesische Theater* (1931), das erste Manifest *Theater der Grausamkeit* (1932), ein Essay über das *Alchimistische Theater* (1932) und der Vortrag *Das Theater und die Pest* (1933). In dem 1938 erschienenen Buch *Le théâtre et son double* (dt. das Theater und sein Double, Frankfurt/Main 1979) sind seine Theaterschriften zusammengefaßt. Die erste Inszenierung des Theaters der Grausamkeit, sein Stück *Les Cenci* (1935), in dem

er selbst mitspielte, stieß beim Publikum wie bei der Kritik auf Unverständnis.
Neben balinesischem Tanz interessierte er sich besonders für altmexikanische Kultur und Magie. Seine Mexiko-Reise im Jahre 1936 und seine Experimente mit Peyotl regten ihn zu dem Text *Au pays des Tarahumaras* (1945, dt. Die Tarahumaras. Revolutionäre Schriften, München 1975) an. Ethnische Studien betrieb er auch auf seiner Irlandreise 1937. Wegen einer Banalität wurde er aus Irland ausgewiesen und von der Besatzung des Schiffes, das ihn nach Frankreich brachte, bei der Ankunft in Le Havre in eine psychiatrische Klinik gebracht. Er kam schließlich in die geschlossene Abteilung einer Pariser Nervenheilanstalt und wurde in den Jahren 1939 bis 1948 in verschiedene Anstalten verlegt. Er wurde immer wieder für kurze Zeit entlassen und versuchte, seine literarischen Arbeiten wiederaufzunehmen.
Nach seiner Entlassung 1947 kehrte er nach Paris zurück, veröffentlichte *Artaud le Momo*, *Van Gogh, le suicide de la société* (dt. Van Gogh, der Selbstmörder durch die Gesellschaft, München 1977), *Ci-git* und zuletzt *Pour en finir avec le jugement de Dieu* (dt. Schluß mit dem Gottesgericht. Das Theater der Grausamkeit. Letzte Schriften zum Theater, München 1980), das am 4. Februar 1948 im Radio ausgestrahlt werden sollte. Obwohl sich seine Freunde öffentlich für ihn einsetzten, wurde die Ausstrahlung abgesagt. Einen Monat später starb Artaud in der Klinik von Ivry.

Jean Baldensperger

Über Jean Baldensperger wissen wir nicht viel: Er kam aus den Vogesen und war einer der «Freunde und Sympathisanten», die eine Einladung zu dem berühmten Treffen in der Bar du Château am 11. März 1929 erhielten, in dem teilweise darüber diskutiert wurde, wie mit Trotzki zu verfahren sei (der gerade aus der Sowjetunion ausgewiesen worden war), aber allgemeiner der Klärung der ideologischen Positionen des Surrealismus diente. Baldensperger war eine der sechs Personen, die dafür entschuldigt wurden, die Einladung nicht wahrgenommen zu haben, da sie sie nicht rechtzeitig erhalten haben konnten.

Während des Treffens nannte Pierre Unik zwanzig Personen, denen in revolutionärer Hinsicht vertraut werden konnte, eine davon war Baldensperger.

Jacques Baron (*1905, Paris – †1991, Paris)

Jacques Baron wird oft der «Rimbaud des Surrealismus» genannt – schon mit sechzehn veröffentlichte er in der Zeitschrift *Aventure* seine ersten Gedichte. Diese Veröffentlichungen machten Breton auf den jungen Dichter aufmerksam, und bald darauf arbeitete Baron mit Breton und Aragon zusammen an der ersten Ausgabe von *Littérature*; später schrieb er Beiträge für *La Révolution surréaliste*. Seine erste Gedichtsammlung, *L'allure poétique*, erschien 1924. Militärdienst (Algerien 1926–1927) und berufliche Verpflichtungen entfernten ihn von der Gruppe. Er trat 1927 der KPF bei, wandte sich aber bald dem Trotzkismus zu.
1929 wurde er aus der surrealistischen Gruppe ausgeschlossen. Seine Autobiographie *L'an I du surréalisme suivi de l'an dernier* (1969), deren Titel zugleich auf Victor Serges *L'an I du communisme* und die Hoffnungen des Mai 68 anspielt, enthält einfühlsame Porträts der Gründer der Bewegung und schildert anschaulich die Atmosphäre der Anfangsjahre.
Neben zahlreichen Gedichten veröffentlichte er auch einen Roman: *Charbon de mer* (1935), in dem er von einem Arthur Rimbaud träumt, der seine Existenz der Liebe geweiht hätte, statt nach Nordafrika zu gehen.

Bauer

Die einzigen Hinweise auf Bauer habe ich in André Thirions *Révolutionnaires sans révolution* und in Henri Béhars Breton-Biographie gefunden. Thirion beschreibt ihn als eine Art rothaarigen Hippie unklarer Nationalität, der mit einer Gruppe junger herumreisender Leute im Herbst 1930 nach Paris kam. Béhar erwähnt ihn als Mitglied des Untergrunds der kommunistischen Partei, der Breton eine Annäherung von Psychoanalyse und Marxismus nahelegte und deshalb zur Gründung eines großen Verbandes revolutionärer Künstler riet.

Pierre Blum

Es handelt sich wahrscheinlich um ein Mitglied der kominternkontrollierten *Secours Rouge*. Er unterschrieb die Protesterklärung gegen die Anschuldigungen, die man gegen Aragon nach der Veröffentlichung seines Gedichtes *Front rouge* erhoben hatte.

Jacques-André Boiffard (* 1903, La Roche-sur-Yon, Vendée – † 1961, Paris)

Boiffard kam zusammen mit seinen Freunden Francis Gérard und Pierre Naville in die surrealistische Gruppe. Er veröffentlichte verschiedene automatische Texte und Traumprotokolle in *La révolution surréaliste*. Seine Photographien von Paris wurden ebenfalls in der Zeitschrift veröffentlicht, und einige von ihnen illustrieren Bretons *Nadja*. Er verließ die Gruppe nach den Streitigkeiten, die auf das Treffen in der Bar du Château folgten, und war einer der zwölf Verfasser des gegen Breton gerichteten Pamphlets *Un cadavre*. Er war Mitarbeiter an Batailles *Documents* und arbeitete zeitweilig als Man Rays Assistent; er gab seine künstlerische Laufbahn aber 1936 auf, um Medizin zu studieren.

André Breton (* 1896, Tinchebray-sur-Orne – † 1966, Paris)

Begründer des Surrealismus und Haupttheoretiker; zentrale Figur der Bewegung bis zu seinem Tod. Bretons erste Gedichtsammlung, *Mont de piété*, erschien 1919; ein Jahr später produzierten er und Philippe Soupault das erste Beispiel «automatischen Schreibens», *Les champs magnétiques* (Die magnetischen Felder). Sein erstes *Manifeste du surréalisme* (Manifest des Surrealismus) erschien 1924; von diesem Zeitpunkt an sind sein Leben und die Geschichte des Surrealismus untrennbar miteinander verknüpft. Er trat 1927 der KPF bei; 1933 wurde er wegen der Veröffentlichung eines Briefes von Ferdinand Alquié in *Le surréalisme au service de la révolution*, in dem dieser «den Wind systematischer Verdummung, der

in der UdSSR weht» anprangerte, aus der Partei ausgeschlossen. Er besuchte 1938 Trotzki in Mexiko, und zusammen mit Diego Rivera gründeten sie eine Föderation unabhängiger revolutionärer Kunst.
Den größten Teil des Zweiten Weltkrieges verbrachte er in den Vereinigten Staaten. Er kehrte 1946 nach Frankreich zurück, wo er bis zu seinem Tod weiter die surrealistischen Aktivitäten leitete. Zu seinen Hauptwerken gehören: *Clair de terre* (1923), *Les pas perdus* (1924, dt. Die verlorenen Schritte, Berlin 1989), *Légitime défense* (1926), *Introduction au discours sur le peu de réalité* (1927), *Le surréalisme et la peinture* (1928, dt. Der Surrealismus und die Malerei, in gleichnamiger Ausgabe der Schriften Bretons zur Malerei, Berlin 1967), *Nadja* (1928, dt. Nadja, Frankfurt/Main 1976), *Second Manifeste du surréalisme* (1930, dt. in: Die Manifeste des Surrealismus, Reinbek bei Hamburg 1986), *L'immaculée conception* (mit Paul Eluard, 1931, dt. Die unbefleckte Empfängnis, München 1974), *L'Union libre* (1931), *Le revolver à cheveux blancs* (1932, dt. Der weißhaarige Revolver, Berlin 1983), *Les vases communicants* (1932, dt. Die kommunizierenden Röhren, München 1973), *Point de jour* (1934), *L'amour fou* (1937, dt. Frankfurt/Main 1975), *Anthologie de l'humour noir* (1940, dt. Anthologie des schwarzen Humors, München 1971), *Fata Morgana* (1942), *Arcane* 17 (1945), *Ode à Charles Fourier* (1947, dt. Ode an Charles Fourier, Berlin 1982), *La lampe dans l'horloge* (1948), *Flagrant délit* (1949, dt. Auf frischer Tat, Berlin 1985), *La clé des champs* (1953, dt. Das Weite suchen, Frankfurt/Main 1981).

Jean Caupenne (oder manchmal Koppen) (*1908, Nancy – †?)

Über Jean Caupenne ist wenig bekannt, abgesehen von einer Liste von Beleidigungen gegen Priester («Diener der bärtigen Hure aus Nazareth») in *La révolution surréaliste* Nr. 12 und der beleidigenden Postkarte, die er 1929 zusammen mit Georges Sadoul an einen gewissen Keller sandte, der gerade mit Auszeichnung seine Prüfungen an der Militärakademie in Saint-Cyr bestanden hatte (für Details siehe Georges Sadoul). Die Angelegenheit brachte Sadoul einen Urteilsspruch über drei

Monate Gefängnis ein, Caupenne mußte sich in aller Form bei Keller entschuldigen. Breton, Aragon und ihre Freunde mißbilligten die Angelegenheit, und Caupenne verschwand danach aus dem surrealistischen Umkreis. In *Révolutionnaires sans révolution* berichtet André Thirion von einer Kirchenschändung, die er und Caupenne 1928 in einer Kleinstadt im Gers unternahmen. Sie urinierten in die Weihwasserbecken, füllten den Klingelbeutel mit Kieselsteinen, entwendeten alle Gegenstände und schickten alles zusammen an Louis Aragon, der damit in der Rue du Château die Toilette dekorierte.

Marcel Duhamel (*1900, Paris – †1977, Saint-Laurent-du-Var)

Marcel Duhamel, der weder schrieb noch malte, war der großzügige Vermieter der Surrealisten: Sein Haus in der Rue du Château 54 in Paris beherbergte während der zwanziger Jahre seine Freunde Prévert und Tanguy und dessen Freundin Jeannette, und Péret und Queneau wohnten dort mehrere Male für längere Zeit kostenlos. In der Anfangszeit des Surrealismus fanden die meisten Treffen in diesem «Refugium des Antikonformismus« statt. Duhamel erzählt in seiner Autobiographie *Raconte pas ta vie* (1972) schmunzelnd von einem der ersten Treffen: «Da wir beide keine ausgewiesenen Literaten sind, vor allem ich nicht, und Yves kein eingesegneter surrealistischer Maler, fragen uns immer wieder ein oder zwei Mitglieder der Gruppe naiv, was wir da eigentlich zu suchen hätten, obwohl die Treffen praktisch in unserem Schlafzimmer stattfinden.» Bis 1930 nahm er an allen Aktivitäten der Gruppe teil. Heute ist Duhamel vor allem als Begründer der «Série Noire» bei Gallimard (seit 1945) bekannt, in der Autoren wie Hammett, Chandler, Thompson und Himes zum ersten Mal in Frankreich veröffentlicht wurden. Duhamel übersetzte außerdem mehrere Werke dieser Reihe und synchronisierte gelegentlich Filme.

Nusch Eluard (geb. Maria Benz, *1906, Mulhouse – †1946, Paris)

Nusch und Paul Eluard lernten sich 1930 kennen, als sie als Modell für sentimentale Postkarten und als Schauspielerin in Nebenrollen im Grand Guignol arbeitete. Sie heirateten 1934 – in einer Doppelhochzeit mit André Breton und Jacqueline Lamba. In den dreißiger Jahren nahm sie an surrealistischen Aktivitäten teil und war Modell für Man Ray. Zwischen 1934 und 1936 stellte sie eine Serie von Photomontagen her, die 1978 von den Editions Nadada, New York, veröffentlicht wurden.

Paul Eluard (eigentlich Eugène Grindel, *1895, Saint-Denis – †1952, Charenton)

Paul Eluard, einer der größten französischen Dichter des Jahrhunderts, war von der Gründung der Gruppe bis 1938 eines der einflußreichsten Mitglieder. Teilweise als Antwort auf den spanischen Bürgerkrieg begab er sich 1938 wieder ins Umfeld der KPF (aus der er zusammen mit Breton 1933 ausgeschlossen worden war), trat ihr 1942 wieder bei und blieb von da an linientreu. Seine wichtigsten Gedichtsammlungen sind: *Mourir pour ne pas mourir* (1924), *Capitale de la douleur* (1926; dt. Hauptstadt der Schmerzen, Berlin 1988), *L'amour la poésie* (1929), *La vie immédiate* (1932), *La rose publique* (1934) und *Facile* (illustriert mit Photos von Nusch, von Man Ray, 1939). Seine Resistancedichtung ist in den Bänden *Poésie et verité* (1942) und *Au rendez-vous allemand* (1944) erschienen.
Ein zentrales Motiv seiner Dichtung ist das Sehen, und er war sehr an einer Verbindung von Malerei und Dichtung interessiert. Mit Max Ernst und Picasso verbanden ihn lebenslange Freundschaften, und er arbeitete vielfach mit Malern zusammen, wie z. B. in *Les Malheurs des immortels* (1922, dt. Les malheurs des immortels, mit Collagen von Max Ernst, Galerie der Spiegel, Köln, um 1960).

Max Ernst (* 1891, Brühl – † 1976, Paris)

Max Ernst studierte in Bonn Philosophie, bevor er zu malen begann und in der Kölner Dada-Gruppe aktiv wurde. Er ging 1921 nach Paris, wo er Eluard und Breton kennenlernte, und war von Anfang an Mitglied der Surrealisten. Viele seiner bekanntesten Bilder entstanden in den zwanziger Jahren, wie z. B. *L'éléphant Célèbes, Œdipe roi, Famille nombreuse, Deux enfants sont menacés par un rossignol* etc. Er entdeckte 1925 die Technik der Frottage, indem er mit einem Bleistift die Maserung von einem Holzfußboden auf ein Blatt Papier durchschrieb; diese Technik betrachtete er als Pendant zum automatischen Schreiben und wandte sie in seinem folgenden Werk an, zuerst in der Sammlung *Histoire naturelle* (1925, dt. Histoire naturelle, Übersetzung Max Ernst, Köln 1965). Ernst entwickelte auch neue Formen der Collage, besonders in einer Serie von Collage-Romanen, z. B. *La femme 100 têtes* (1929, dt. La femme 100 têtes, Berlin 1962), *Rêve d'une petite fille qui voulut entre au Carmel* (1930, dt. Das Karmelienmädchen, Köln 1971) und *Une semaine de bonté* (1934). Er lebte von 1937 bis zu seiner Internierung in Les Mille bei Kriegsausbruch mit der surrealistischen Malerin Leonora Carrington zusammen. Nach seiner Entlassung ging er nach New York, wo er zusammen mit Breton und Marcel Duchamp die Zeitschrift VVV herausgab. Im Jahr 1946 heiratete er die amerikanische Künstlerin Dorothea Tanning. Er kehrte nach dem Krieg nach Paris zurück und wurde 1954 aus der surrealistischen Gruppe ausgeschlossen, weil er den Großen Preis der Biennale in Venedig angenommen hatte.
In seinen *Ecritures, Notes pour une biographie* (Paris: Gallimard 1970), erzählt er mit viel Humor von seiner Kindheit, von seinen Träumen, von Malerei, Skulpturen und Texten, von seinen Reisen und Heiraten.

Raymond Michelet

Raymond Michelet nahm kurz – und wahrscheinlich entfernt – zwischen 1930 und 1931 an den surrealistischen Aktivitäten teil, eingeführt von Sadoul und Thirion, die in der Rue du

Château 54 die Nachfolge der Prévertbande angetreten hatten. Thirion nennt ihn mehrmals in *Révolutionnaires sans révolution*. Sadoul stellte ihn Nancy Cunard vor, die Thirion zufolge «dieses frische Fleisch mit einem Mal verschlang».

Max Morise (* 1900 – † 1973)

Zunächst Dadaist, zwischen 1921 und 1922 einer der Herausgeber der Zeitschrift *Aventure* (zusammen mit Arland, Crevel, Limbour und Vitrac), aktives Mitglied der surrealistischen Gruppe von 1922 bis 1930, später Mitglied der *Groupe Octobre*. Er veröffentlichte Artikel, Traumprotokolle und surrealistische Texte in *Littérature* und *La Révolution surréaliste*. Automatische Malerei und damit surrealistische Malerei überhaupt hielt er für unmöglich (Nr. 1 von *La Révolution surréaliste*); er wurde deshalb von Breton scharf angegriffen. Pierre Naville zufolge war er zumindest beim ersten Treffen der vorliegenden Recherchen Protokollant.
Morises Verhältnis mit Bretons Frau Simone wurde spätestens am 11. März 1929 öffentlich, als die beiden zu dem berühmten Treffen in der Bar du Château, bei dem Morise den Vorsitz hatte, Arm in Arm erschienen.
Als einer der zwölf Verfasser des gegen Breton gerichteten Pamphlets *Un cadavre* (1930) greift er besonders Bretons Kompromisse mit einem bequemen Leben an, die die Revolution zur Farce werden lassen: «Und wenn Breton zufälligerweise Hammelhaxen mit Hühnersauce mag, dann werden Sie sehen, wie die sofort zu geheiligten Revolutionären werden.»
Später arbeitete er, oft zusammen mit Duhamel, an verschiedenen journalistischen Projekten, Übersetzungen aus dem Englischen und im Filmgeschäft (Synchronisation, Untertitel).

Pierre Naville (* 1904 Paris – 1993 Paris)

Naville war seit 1924 ein aktives Mitglied der Gruppe; zusammen mit Péret gab er die ersten Nummern der *Révolution surréaliste* heraus. Er war der erste in der Gruppe, der ernsthaft die Frage nach politischem Engagement stellte, am schärfsten in seinem 1926 veröffentlichten Pamphlet *La révolution et les intellectuels (Que peuvent faire les surréalistes?)*, das seine Freunde vor die Wahl stellte, «entweder an einer negativen Auffassung anarchischer Art festzuhalten [...], einer Auffassung, die auf der Weigerung beruht, seine eigene Existenz und den geheiligten Charakter des Individuums aufs Spiel zu setzen» oder «den einzig revolutionären Weg: den marxistischen Weg» zu beschreiten. Es war eine Wahl, die wenige zu machen bereit waren (auch wenn das Pamphlet mit dazu beitrug, daß Breton, Aragon, Eluard, Péret und Unik in die KPF eintraten), und Naville entfernte sich von der Gruppe und wurde Mitherausgeber der marxistischen Zeitschrift *Clarté*. Er verließ die Surrealisten endgültig 1928 nach einem Streit mit Breton über seine Entscheidung, ein Kapitel aus Victor Serges *L'an I de la révolution russe* in die Zeitschrift aufzunehmen. Naville unterstützte zunächst die linke Opposition in der Sowjetunion und wurde dann einer der Begründer der Vierten Internationale, stand aber dem Surrealismus weiterhin nahe. Er schrieb eine grundlegende sozialtheoretische Studie (*Le nouveau Léviathan*, vols I–VI, 1957–75) und zahlreiche Bücher zu Politik, Soziologie und Psychologie. Sein 1977 erschienenes Buch *Le temps du surréel* gehört zu den interessantesten Büchern, die über den Surrealismus geschrieben wurden.

Marcel Noll

Von Marcel Nolls Lebensdaten ist wenig bekannt. Er stammte aus Straßburg und wurde von Denise Lévy, einer Kusine Simone Bretons (die später Pierre Naville heiratete), 1923 in die surrealistische Gruppe eingeführt. Er unterzeichnete verschiedene gemeinsame Erklärungen, veröffentlichte Traumprotokolle und automatische Texte in *La révolution surréaliste* und verwaltete eine kurze Zeit lang die Galerie surréaliste. Doch scheint er in Finanzangelegenheiten nicht besonders zuverlässig gewesen zu sein: Der Galérie surréaliste hinterließ er einen Berg von Schulden, beim Verkauf eines Bildes von Braque, bei dem er für Aragon als Mittelsmann agierte, erreichte der Scheck über 25000 F Aragon nie. Er verließ die Gruppe 1929 und wurde Funktionär in der PCF. Er arbeitete als Redakteur für *L'Humanité*. Nach 1936 verliert sich jede Spur – Marguerite Bonnet vermutet, daß er im Spanischen Bürgerkrieg umkam.

Benjamin Péret (* 1899, Rèze – † 1959, Paris)

Benjamin Péret gehörte zu den Begründern des Surrealismus und blieb ihm auch in den fünfziger Jahren treu. Breton nannte ihn 1952 «seinen liebsten und ältesten Kampfkameraden».
Seine erste Begegnung mit Breton wird von Desnos, Soupault und Breton selbst (in *Nadja*) in leicht unterschiedlichen Versionen erzählt. Sicher ist, daß Pérets Mutter 1920 aus Nantes nach Paris reiste, mit einer Nummer von *Littérature* in der Hand Breton aufsuchte und ihren schüchternen einundzwanzigjährigen Sprößling, der in der Literatur sein Glück versuchen wolle, Breton anempfahl.
Péret zog nach Paris und wurde schon bald ein aktives Mitglied der Dadaisten, mit denen er besonders den Haß auf den Krieg – er war zwischen 1915 und 1919 an der Front gewesen – teilte.
Im Jahr 1921 veröffentlichte Péret seine erste Gedichtsammlung *Le passager du transatlantique*. Nachdem er im Oktober 1922 Bretons Aufruf, mit dem Dadaismus zu brechen *(Lâchez tout!)*, gefolgt war, wurde er einer der Begründer des Surrealismus. Er trat 1926 der KPF bei und arbeitete als Journalist und Korrektor für *L'Humanité* (seine lebenslangen Brotberufe, mit denen er sich nur mühsam über Wasser halten konnte), 1931 ging er zusammen mit seiner Frau Elsie Houston nach Brasilien und wurde in der linken Opposition aktiv; nach kurzer Zeit schon wurde er allerdings wegen umstürzlerischer Aktivitäten des Landes verwiesen und kehrte nach Paris zurück. Während des spanischen Bürgerkriegs kämpfte Péret in der trotzkistischen POUM und später auf der Seite der Anarchisten der Division Durruti, bis beide in Barcelona von der kommunistischen Partei zerschlagen wurden. Nach seiner Rückkehr nach Frankreich wurde er 1939 einberufen (seine erste Aufgabe war es, eine Liste «verdächtiger Personen» zusam-

menzustellen, was er, seiner antiklerikalen Haltung treu bleibend, tat, indem er die Namen politisch Verdächtiger durch die von Priestern aus der Region ersetzte). Angeklagt, eine trotzkistische Zelle in der Armee aufgebaut zu haben, wurde er 1940 in Rennes inhaftiert. Es gelang ihm zu entkommen, und zusammen mit seiner Geliebten, der Malerin Remedios Varo (die er 1943 nach dem Tod seiner ersten Frau Elsie Houston heiratete), floh er über Marseille nach Mexiko, wo er eine Sektion der Vierten Internationale aufbaute. Er verließ die Vierte Internationale wegen ihrer Einstellung zur Sowjetunion (er vertrat die Ansicht, daß sie eine staatskapitalistische Gesellschaft sei). Nach seiner Rückkehr nach Paris im Jahr 1948 nahm er seine surrealistischen Aktivitäten wieder auf, wobei sich sein Interesse besonders auf mittelamerikanische Mythen und Legenden richtete, und war weiter aktiv in verschiedenen trotzkistischen Splittergruppen, u. a. in der kurzlebigen *Union Ouvrière Internationale*.

Obwohl für Benjamin Péret das Schreiben gegenüber dem Handeln immer die zweite Stelle einnahm, ist er ohne Zweifel einer der besten Dichter und Schriftsteller des Surrealismus.

Aus seinem umfangreichen Lyrik- und Prosawerk ist bisher nur weniges auf deutsch erschienen: Als die grüne Minna vorbeifuhr. Surrealistische Erzählungen, Hamburg 1988; Naturgeschichte, München 1984; Die Schande der Dichter. Schriften, Hamburg 1985.

Jacques Prévert (* 1900, Neuilly-sur-Seine – † 1977, Ormonville-la-Petite)

Obwohl Jacques Prévert nur drei Jahre lang Mitglied der surrealistischen Gruppe war (von 1925 bis 1928 oder 1926 bis 1929 nach unterschiedlichen Quellen) und nichts in der *Révolution surréaliste* veröffentlichte, spielte er in den ersten Jahren der Gruppe, als er in der Rue du Château wohnte, durchaus keine Nebenrolle, sondern nahm an allen Aktivitäten teil. Als einer der Verfasser von *Le cadavre* verließ er die Gruppe 1930.

Viel bekannter als seine surrealistische Zeit ist sein späterer Weg – Groupe d'octobre, Kino, Lyrik, Collagen, Filmdrehbücher. Die Filme *L'affaire est dans le sac* und *Drôle de drame* verdanken dem Surrealismus viel. Er schrieb die Drehbücher für Marcel Carnés *Quai des brumes*, *Le jour se lève* und *Les enfants du paradis*. Sein 1946 erschienener Lyrikband *Paroles* (dt. Gedichte und Chansons, Stuttgart/Hamburg/Baden-Baden 1950, Nachdichtung von Kurt Kusenberg, Zweisprachige Ausgabe Reinbek bei Hamburg 1971) wurde nicht nur in Frankreich ein Bestseller.

Raymond Queneau (* 1903, Le Havre – † 1976 Neuilly)

Raymond Queneau gehörte den Surrealisten von 1924 bis 1929 an; er lieferte Beiträge zu *La Révolution surréaliste* und diversen anderen surrealistischen Publikationen. 1929 brach er mit Breton aus, wie er immer wieder betonte, «persönlichen Gründen». Er war einer der Unterzeichner des gegen Breton gerichteten Manifestes *Un cadavre* (1930). In seinem Roman *Odile* (1937, dt. Odile, Frankfurt/Main 1985), in dem man ohne Schwierigkeiten Breton, Eluard, Péret, Naville etc. wiedererkennt, beschreibt er das Leben der Gruppe auf wenig schmeichelhafte Weise.
Sein Name erscheint nur noch einmal in einer Publikation, die sich auf den Surrealismus bezieht: *Le surréalisme révolutionnaire* (1948). Seine spätere Laufbahn könnte kaum vielseitiger sein: Er war Mathematiker, Enzyklopädist, Philosoph, Lektor und Schriftsteller. Er verfaßte 15 Romane, Gedichte, Drehbücher, Skripte für Rundfunksendungen, visuelle Texte und Übersetzungen aus dem Englischen, war Mitglied des Collège de Pataphysique und Gründer von OuLiPo. Viele seiner Romane sind von Eugen Helmlé kongenial ins Deutsche übersetzt worden, am bekanntesten ist wohl der Roman *Zazie in der Métro*, der auch verfilmt wurde.

Guy Rosey (* 1896, Paris – † ?)

Guy Rosey, Schiftsteller und Dichter, schloß sich 1932 den Surrealisten an und war bis zum Ausbruch des Krieges eins der unermüdlichsten Mitglieder. Nachdem er Breton und Péret in Marseille getroffen hatte, versteckte er sich, um rassistischen

Verfolgungen zu entgehen – er war Jude – zunächst in der Provence und wurde dann europäischer Vertreter eines tschechischen Unternehmens. Er kehrte 1960 nach Frankreich zurück und schrieb wieder Gedichte. Sein Werk umfaßt u. a.: *La guerre de 34 ans* (1932), *Drapeau nègre* (1933), *André Breton* (1937), *Electro-magie* (1969) und *Les moyens d'existence* (1969). Sein gesammeltes dichterisches Werk ist unter dem Titel *Œuvres vives* (1962–63) erschienen.

Georges Sadoul (* 1904, Paris – † 1969, Paris)

Georges Sadoul war von 1926 bis 1930 Mitglied der surrealistischen Gruppe (er verließ sie zusammen mit Aragon, mit dem er an der Charkower Konferenz teilgenommen hatte). Er und Caupenne ersannen im Suff einen Streich, für den sie teuer bezahlten: sie schickten einem Mann namens Keller, der gerade mit Auszeichnungen seine Prüfungen an der Militärakademie in Saint-Cyr bestanden hatte, eine Postkarte, auf der sie ihn aufforderten, seine Laufbahn für Frankreich aufzugeben, da er ansonsten damit zu rechnen habe, öffentlich verprügelt zu werden («Wir spucken auf die drei Farben – blau, weiß und rot – der Fahne, die Sie verteidigen»). Die Angelegenheit hatte gerichtliche Folgen, und während es Caupenne vorzog, sich in aller Form zu entschuldigen, mußte Sadoul drei Monate im Gefängnis absitzen.
Heutzutage ist Sadoul bekannter für seine späteren Arbeiten als Filmhistoriker und -kritiker.

Jeannette Tanguy

Von Jeannette Tanguy ist sehr wenig bekannt, abgesehen davon, daß sie mit Tanguy zusammen in der Rue de Château wohnte und ihn später heiratete.
Duhamel erzählt in seiner Autobiographie folgende Anekdote über sie: Bei einem Besuch bei den Tanguys bedauert der Kunstkritiker Florent Fels, daß Yves Tanguy sich zu sehr vom Surrealismus beeinflussen lasse und nicht mehr im Stil der Ecole de Paris male. «Jeannette, ein großer Hitzkopf, und

mehr als leicht beschwipst, hält es plötzlich nicht mehr aus. Sie geht in die Küche und kommt mit dem Tranchiermesser bewaffnet heraus, in der festen Absicht, die Gurgel des Kunstkritikers durchzuschneiden. Wir haben alle Mühe der Welt, sie zu entwaffnen. Aber die Atmosphäre hat etwas gelitten. Und Fels überläßt Yves seinen bedauernswerten Verirrungen.»

Yves Tanguy (*1900, Paris – †1955, Woodbury, USA)

Yves Tanguy kam mit den Surrealisten in Kontakt, da er einer der Bewohner der Rue du Château 54 war (er war mit Prévert und Duhamel befreundet, die er beim Militärdienst kennengelernt hatte).
Seine Berufung als Maler entdeckte er 1923, als er von einem Bus aus in einem Schaufenster ein Gemälde von Chirico sah. Zusammen mit Prévert schloß er sich 1925 den Surrealisten an, und er begann automatisch zu malen. Schon bald steuerte er Texte und Zeichnungen zu den meisten surrealistischen Zeitungen, so *La révolution surréaliste*, *Le surréalisme au service de la révolution*, *VVV* und *Minotaure* bei und entwarf Cover und Illustrationen für viele surrealistische Bücher (einschließlich Bretons *Anthologie de l'humour noir* und der von den Surrealisten herausgegebenen Gesamtausgabe der Werke Lautréamonts). Er emigrierte 1939 mit seiner zweiten Frau, der Malerin und Dichterin Kay Sage, in die Vereinigten Staaten und wurde 1948 amerikanischer Staatsbürger.

André Thirion (*1907, Baccarat; lebt in Paris)

André Thirion, der heute als politischer Theoretiker und Schriftsteller in Paris lebt, war von 1928 bis 1934 aktives Mitglied der Gruppe; er war gleichzeitig aktives KPF-Mitglied und nahm oft eine Mittlerfunktion zwischen beiden ein. Sehr viel später kehrte er dem Surrealismus und der Linken den Rücken und wurde Gaullist. In seinen Erinnerungen *Révolutionnaires sans révolution* (1972) spricht er trotz allem mit viel Sympathie von seiner surrealistischen Zeit.

Katia Thirion

Katia Thirion war Bulgarin und studierte Medizin in Nancy, wo sie André Thirion kennenlernte. Sie kehrte 1928 auf Betreiben ihres Ehemannes nach Bulgarien zurück – Thirion reiste ihr aber nach seinem achtzehnmonatigen Militärdienst nach und überredete sie, mit ihm nach Paris zu gehen. Später heirateten sie. Sie trat der KPF bei und stellte zusammen mit Elsa Triolet Schmuck her, später arbeitete sie als Radiosprecherin.

Pierre Unik (* 1909, Paris – † 1945, Tschechoslowakei)

Pierre Unik gehört zu den frühen Mitgliedern der Gruppe; er veröffentlichte seinen ersten surrealistischen Text in *La révolution surréaliste* Nr. 6 (März 1926). Er war einer der ersten Surrealisten, die 1927 der KPF beitraten und war Mitverfasser des Pamphlets *Au grand jour*, in dem diese Entscheidung verteidigt wurde. Er und Maxime Alexandre schrieben 1932 anläßlich der «Aragon-Affäre» den Traktat *Autour d'un poème*, in dem sie sich vom Surrealismus verabschiedeten.
In der Folge arbeitete Unik für den Film (er schrieb Drehbücher für Luis Bunuel und Jean Renoir) und als Journalist (für *L'Humanité*). Er kam 1940 als Kriegsgefangener in ein Lager in Schlesien, aus dem er 1945 floh. Er ist in der Slowakei verschollen. Sein Werk umfaßt:
Chant d'exil, Paris: E.F.R. 1972 (mit einer Biographie von Georges Sadoul und einem einleitenden Gedicht von Paul Eluard); *Le héros du vide* (unvollendeter Roman), Paris: E.F.R. 1972; *Le théâtre des nuits blanches*, Paris: éd. surr. 1931.

Albert Valentin (* 1908 – † 1968)

Belgischer Schriftsteller, Romanautor *(Aux soleils de minuit, Les miroirs du plafond)*, war von 1929 bis 1931 aktives Mitglied der Pariser Surrealisten.
Sein in der Zeitschrift *Variétés* veröffentlichter Roman *Au soleils de minuit*, durch den Aragon auf ihn aufmerksam

wurde, brachte ihm eine Verleumdungsklage durch den Drehbuchautor Charles Spaak ein, auf die er im Oktober 1929 in der Nr. 6 von *Variétés* mit einem Manifest antwortete, dem sich Aragon, Breton, Desnos, Eluard und Péret anschlossen.
Er schrieb einige Beiträge für die ersten Nummern von *Le surréalisme au service de la révolution* (1930), die durch ihre heftige Polemik auffallen: gegen den Polizeistaat, die geplante Kolonialausstellung und Schmähungen Baudelaires, Rimbauds und Lautréamonts.
Er wurde 1931 wegen seiner Mitarbeit an René Clairs Film *A nous la liberté*, den die Surrealisten als «konterrevolutionär» ansahen, aus der Gruppe ausgeschlossen (Eluard und Crevel sprechen wütend von dem «Mann, der versuchte, uns zu mißbrauchen»).

Bibliographie

Alexandre, Maxime: Mémoires d'un surréaliste. Paris: La Jeune Parque 1968 (dt. Memoiren eines Surrealisten, Tübingen: Heliopolis 1987).
Baron, Jacques: L'an I du surréalisme suivi de l'an dernier. Paris: Denoël 1969.
Béhar, Henri: André Breton. Le grand indésirable. Paris: Calmann-Lévy 1990.
Breton, André: Œuvres complètes. Hrsg. von Marguerite Bonnet. Paris: Gallimard 1988.
Chadwick, Whitney: Women Artists and the Surrealist Movement. London: Thames and Hudson 1985.
Daix, Pierre: La vie quotidienne des surréalistes 1917–1932. Paris: Hachette 1993.
Desnos, Robert: Nouvelles Hébrides. Paris: Gallimard 1978.
Duhamel, Marcel: Raconte pas ta vie. Paris: Mercure de France 1972.
Nadeau, Maurice: Geschichte des Surrealismus. Deutsch von Karl-Heinz Laier. Reinbek bei Hamburg: Rowohlt Erw. Neuaufl.1992.
Naville, Pierre: La révolution des intellectuels. Paris: Gallimard 1975.
Naville, Pierre: Le temps du surrél. L'espérance du surréel. Tome I: L'espérance mathématique. Paris: Galilée 1977.
Pastoureau, Henri: Ma vie surréaliste suivi de André Breton, les femmes et l'amour. Paris: Maurice Nadeau 1992.
Soupault, Philippe: Mémoires de l'oubli. 1923–26. Paris: Lachenal & Ritter 1986.
Thirion, André: Révolutionnaires sans révolution. Paris: Laffont 1972.

Nachwort

von Dawn Ades

Die zwölf Gespräche der «Recherches sur la sexualité» fanden in zwei getrennten Zeiträumen statt: die ersten sieben in den Anfangsmonaten von 1928, dem Jahr, das Maurice Nadeau als das ruhige «Jahr der Verwirklichungen» des Surrealismus bezeichnete;[1] die zweite und sporadischere Reihe von fünf Sitzungen zwischen Ende 1930 und 1932, nach dem Wirbel der Ausschlüsse und Abgänge, die im *Zweiten Surrealistischen Manifest* bekanntgegeben wurden.
Nur zwei der Gespräche wurden damals veröffentlicht, in der vorletzten Ausgabe (Nr. 11, vom 15. März 1928) der ersten bedeutenden surrealistischen Zeitschrift, *La révolution surréaliste*. 1924, dem Jahr des Ersten Surrealistischen Manifestes, gegründet, brachte *La révolution surréaliste* ihr zwölftes und letztes Heft 1929 heraus und zog damit einen Schlußstrich unter «ein geistiges Jahr, wenn man so will, das fünf Jahre gedauert [hatte]».[2] Das unregelmäßige Erscheinen von *R. S.* zeugte zwar von einer «Serie ideologischer Krisen und dramatischer Brüche»,[3] aber jede Nummer enthielt die Ideen, Erfahrungen und Experimente, welche die Protagonisten des Surrealismus einen Augenblick lang vereinigt hatten. Automatische Texte, die sich von der ersten Definition des Surrealismus als «reiner psychischer Automatismus» leiten ließen, Auseinandersetzungen über dessen Ausdehnung auf den visuellen Bereich, Berichte über Träume, Sprachexperimente oder Artauds Hetzkampagnen gegen die Säulen der bürgerlichen Gesellschaft – zum Beispiel «Öffnet die Gefängnisse, löst die Armee auf!» in der zweiten Nummer (Januar 1925) – erscheinen Seite an Seite mit theoretischen Erörterungen der Rolle von Künstlern und Intellektuellen in der Revolution. Allmählich gerann der allgemeine Gestus der Revolte, der die ersten Jahre der Bewegung kennzeichnete, zu einem direkteren politischen Engagement, und Breton, Eluard, Péret, Unik und Aragon folgten dem Beispiel Navilles und traten der Kommunistischen Partei Frankreichs (KPF) bei. Dies markierte nicht

das Ende, sondern den Anfang einer neuen Welle von Konflikten in der Bewegung, da der Surrealismus seine Autonomie und das Recht zu bewahren suchte, seine eigenen, speziellen Untersuchungen der Methoden zur Bewußtseinsveränderung, der Rolle des Unbewußten in der Gesellschaft und des augenblicklichen Zustands der Wort- und Bildsprache fortzusetzen.
Der Surrealismus unterzog die zeitgenössische Philosophie, Politik und Psychoanalyse ebenso wie die Dichtung einer ständigen kritischen Überprüfung. Er hatte auch seine eigenen rigorosen, wenn auch in keiner Hinsicht konventionellen moralischen Imperative, und wer immer sich dagegen verging, wurde ohne großes Federlesen ausgestoßen: das *Zweite Manifest*, veröffentlicht im letzten Heft von *La révolution surréaliste [R. S.]*, berichtete über den Ausschluß einer Reihe von Mitgliedern der ersten Stunde wie Desnos und Artaud. Aber der Surrealismus hatte sich inzwischen als die bedeutendste geistige und künstlerische Kraft in Frankreich etabliert. 1926 hatte Aragon *Le paysan de Paris* veröffentlicht, und 1928, im Jahr der ersten «Recherchen» über Sexualität, publizierte Breton *Nadja* und *Le surréalisme et la peinture*, Aragon *Traité du style*, Eluard *Défense de savoir* – die Liste ließe sich fortsetzen. Wesentlich ist jedoch, zu verstehen, daß man den Surrealismus nicht auf eine Reihe solcher Meister«werke» reduzieren oder ihn dergestalt resümieren kann. Ein integraler, untrennbarer Bestandteil davon waren Dokumente wie die «Recherchen», die genauso zum Leben der Bewegung gehörten.
In dem Spannungsbogen, der sich von den allerersten Texten in der *R. S.* über Werke wie Bretons *Nadja*, *L'amour fou* und *Arcane 17* zur Internationalen Ausstellung von 1959/60 erstreckt, deren Thema die Erotik war, stellte die erotische Beziehung einen zentralen surrealistischen Topos dar. Aber diese Beziehung war gleichzeitig belastet und widersprüchlicher, als manche der großartigen – visuellen oder verbalen – surrealistischen Artikulationen von *l'amour passionelle* vermuten lassen. Die «Recherchen» enthüllen einiges über die Komplexität der surrealistischen Einstellungen zur Sexualität und helfen einem, sie zu lokalisieren, insbesondere in Hinblick auf den zeitgenössischen psychoanalytischen und politischen Diskurs. Diese Gespräche waren, und sind immer noch, erstaunlich, beispiellos und unerreicht in ihrer Offenheit und Intimität. Sie

schürfen nach Antworten auf die Rätsel von Sexualität und Begehren durch eine schonungslose Untersuchung der physischen Praktiken und psychologischen Neigungen dieses fluktuierenden Freundeskreises, wobei immer wieder zu den «konkreten Fakten ... den grundlegendsten Fakten der Liebe» zurückgekehrt wurde. An der ersten Gesprächsreihe nahmen keine Frauen teil, abgesehen von dem mysteriösen «Y» in der siebten Sitzung, bei dem es sich offenkundig um eine Frau handelt; ihre Abwesenheit wurde anscheinend nur von Naville und Aragon angesprochen und bedauert. Auch keine der prominenten neuen männlichen Stimmen, deren Anschluß an den Surrealismus in *R. S.* 12 bekanntgegeben wurde – Magritte, Dali, Buñuel – waren vertreten, obwohl sich Dali vor anderen Foren keine Gelegenheit entgehen ließ, seine sexuellen Erlebnisse und Phantasien detailliert auszubreiten. Aragon, der sich schließlich 1932 vom Surrealismus lossagte, nahm nach der dritten Sitzung nicht mehr teil, und Eluard war nur am zweiten Durchgang von Zusammenkünften beteiligt. Tatsächlich war André Breton als einziger von Anfang bis Ende präsent.

Der Abdruck der Protokolle der ersten beiden «Soireen», die auf den hinteren Seiten von *R. S.* 11 veröffentlicht wurden, sollte, so wurde versprochen, «fortgesetzt werden», aber als *R. S.* 12 im Dezember 1929 erschien, enthielt sie keine weiteren «Recherchen». Das Interesse der Surrealisten an Liebe und bestimmten Aspekten der Sexualität hatte zwar eher noch zugenommen, selbst allein aufgrund dieser Nummer zu urteilen, und mußte sogar als Ursache des langen Nichterscheinens der Zeitschrift herhalten: Die erste halbe Seite von *R. S.* 12 trug die roten Abdrücke von sieben Paar Frauenlippen unter der Überschrift «warum *La révolution surréaliste* nicht mehr erschien».
Aber es hat doch den Anschein, daß die «Recherchen» eine Weile als Fehlschlag angesehen wurden – oder daß man sich zumindest vorübergehend von ihnen distanzierte, weil sie die Beweise schuldig blieben, die sich Breton von einer Untersuchung der «konkreten Fakten der Liebe» erhoffte: daß sowohl das Begehren als auch *la jouissance* an der Vereinigung, die diese Gipfelerfahrung des Lebens kennzeichnet, wahrhaft wechselseitig sind. Statt der «Recherchen» präsentierte *R. S.* 12

eine «Enquête sur l'amour», die bezeichnenderweise den früheren Platz der «Recherchen» auf den hinteren Seiten des Heftes einnahm.[4]

An die Stelle der Hauptfrage, die Breton zufolge lautete, «in welchem Maße und wie oft ist es wahrscheinlich, daß ein Mann und eine Frau, die miteinander schlafen, gleichzeitig einen Orgasmus erreichen?», war jetzt die Frage getreten: «Welche Hoffnung setzen wir in die Liebe?» Dies ist nicht bloß eine romantische Umformulierung derselben Frage; die Änderung der Einstellung bzw. der Erwartungen geht klar aus der Ablehnung der «geduldigen Untersuchung» der «Recherchen» durch die Enquête hervor.

«Was wir hier meinen, ist jener plötzliche Verzicht im Laufe einer Wahrheitssuche, die die Grundlage aller sinnvollen Betätigung ist, auf die mehr oder weniger geduldige Untersuchung aufgrund oder zugunsten einer manifesten Tatsache, zu deren Erschaffung wir nichts beigetragen hatten und die an einem bestimmten Tag und mit einem bestimmten Gesicht mysteriöserweise Fleisch wurde.»

Liebe unterliegt demnach keiner anderen Beweisführung als dem Erleben selbst, das nunmehr als ein Akt des Vertrauens aufgefaßt wird. Dieser plötzliche Schluß der Debatte zugunsten einer Art von Mystizismus läßt vermuten, daß die «Recherchen» möglicherweise nur initiiert wurden, um die Armseligkeit der «materialistischen Einstellung» zu beweisen, die Breton 1924 im *Ersten Surrealistischen Manifest* attackiert hatte. Aber dieser Verdacht in bezug auf die «Recherchen» ist meines Erachtens aus mehreren Gründen unhaltbar und unterschätzt die Komplexität des Surrealismus in diesem Stadium.

Erstens und am offenkundigsten ist hier zuviel echte Dringlichkeit zu spüren, zuviel Vitalität und Spannung – und zu viele Momente von Heiterkeit. Die Beteiligten sind weit davon entfernt, selbst einen rein «materialistischen» Standpunkt einzunehmen. Außerdem entsprechen die «Recherchen» einem spezifisch surrealistischen Genre, welches das Bedürfnis nach kollektiven Erfahrungen mit Forschungsbemühungen verknüpfte, die jenen von Wissenschaftlern vergleichbar sein mochten, ohne je mit ihnen identisch zu sein. So konnte Breton in einer Untersuchung von Träumen und des Unbewußten im ersten *Manifest* schreiben: «Wenn die Tiefen unseres Geistes seltsame Kräfte bergen, die imstande sind, die der Oberfläche zu mehren oder gar zu besiegen, so haben wir allen Grund, sie einzufangen, sie zuerst einzufangen und danach, wenn nötig, der Kontrolle unserer Vernunft zu unterwerfen. Auch die analytischen Denker können dabei nur gewinnen. Dabei ist jedoch der Hinweis wichtig, daß keine Methode a priori zur Verwirklichung dieses Vorhabens bestimmt ist; daß diese bis auf weiteres ebenso der Domäne der Dichter entstammen kann wie der der Gelehrten ...[5] Ein frühes Beispiel dafür war die Phase kollektiver Experimente in hypnotischer Trance, enthalten in «Entrée des médiums», das 1922 in der proto-surrealistischen Zeitschrift *Littérature* erschien. In mehr oder weniger intensiver Form bildeten Zusammenkünfte zur Erörterung spezieller Fragen ebenfalls einen fixen Bestandteil des surrealistischen Kosmos.

Solche «Gruppenuntersuchungen» hatten keine feststehende Form, aber ihre verschiedenen Spielarten wiesen bestimmte gemeinsame Kennzeichen auf und erfüllten die Funktion, eine verbindende Identität zu prägen, die Gemeinschaft zu festigen und ihre Exklusivität zu verstärken. In dieser Hinsicht hatten sie etwas vom Lebensgefühl des *jeu* an sich, einer Konstante während der ganzen Lebensdauer des Surrealismus, die, wie Breton in der Einführung zu dem Spiel *L'un dans l'autre* sagte, dazu diente, «die Bande zu stärken, die uns vereinten».[6] Nicht alle diese Experimente und Spiele waren ein Erfolg: wir wissen, daß die hypnotischen Trancen aufgegeben werden mußten, weil sie anfingen, auf gefährliches Gelände vorzudringen. Aber nichts davon war vielleicht ein solcher Fehlschlag wie die «Recherchen», gemessen an dem Ausmaß von Uneinigkeit, das sie zwischen den Teilnehmern offenbarten. Dieses erschütterte alle, vor allem aber Breton, denn was bald zum Markenzeichen des Surrealismus aufstieg – der «privilegierte Platz der Sexualität» –, erwies sich hier als Quelle tiefreichender Konflikte. Nehmen wir etwa den folgenden Wortwechsel:

«ANDRÉ BRETON: Muß Liebe notwendigerweise gegenseitig sein?

PIERRE NAVILLE: Ich glaube, daß keine absolute Notwendigkeit besteht, aber daß die Liebe schneller vergeht, wenn sie nicht gegenseitig ist.

PIERRE UNIK: Die Liebe bedarf absolut nicht der Gegenseitigkeit.
BENJAMIN PÉRET: Sie kann auch nicht gegenseitig sein.
ANDRÉ BRETON: Sie ist notwendigerweise gegenseitig. Ich habe lange das Gegenteil geglaubt, aber vor kurzem habe ich meine Meinung geändert.»
Dies hängt offensichtlich mit der oben erwähnten Hauptfrage zusammen und gibt uns eine Vorstellung von den hartnäckigen Widersprüchen auf allen Ebenen der «Recherchen», von der Äußerung der «Grundtatsachen» individueller Praxis und Neigung bis zu solchen Verallgemeinerungen über Liebe wie in dem obigen Dialog. Die anderen zwei Fragen, denen Breton besondere Bedeutung beimaß, sollte die Hauptfrage nicht überzeugend beantwortet werden, waren jene, mit denen die erste Sitzung eröffnet wurde: «Ein Mann und eine Frau schlafen miteinander. Inwieweit kann der Mann den Orgasmus der Frau erkennen?»; und «Haben Sie ein objektives Verfahren dazu?»
Der erste, der gefragt wurde, war der Maler Yves Tanguy: Ja, er denke, daß es objektive Anzeichen dafür gebe – aber, stellt der Protokollant der Sitzung lakonisch fest, «wir erfahren nicht, welches» diese sind. Auch aus den späteren Antworten gingen keine «objektiven Anzeichen» hervor. Während der folgenden Sitzungen bringen die negativen, ungewissen oder widersprüchlichen Reaktionen der männlichen Surrealisten auf diese Fragen einen pessimistischen Ton herein, der gegenüber den gelegentlichen zuversichtlicheren Bekenntnissen zu Liebe oder Sinnlichkeit ebenso nachhallt wie gegenüber den sensationelleren und manchmal komischen Antworten auf Fragen nach dem wie, wie viele, wie oft, mit wem oder was, und so weiter. Das Fehlen eines Konsenses und das Unvermögen, mit diesen Methoden an etwas heranzukommen, was auch nur entfernt nach einer objektiven Erkenntnis aussieht, scheint, nach der «Enquête» zu urteilen, zu ihrer vorübergehenden Aufgabe geführt zu haben.
Die «Enquête» über Liebe war somit ein Versuch, auf diesem speziellen Gebiet wieder Gleichgewicht und Zuversicht herzustellen. Aber die «Recherchen» wurden bekanntlich 1930 wiederbelebt, und statt die «Enquête» als einen Akt der Substitution oder Suppression anzusehen, kommt es der Wahrheit

vermutlich näher, die Beziehung zwischen beidem als Bestandteil einer surrealistischen Dialektik aufzufassen. Die «profane Illumination», die Walter Benjamin, 1929 der scharfsichtigste Kritiker des Surrealismus, in Werken wie Bretons *Nadja* oder Aragons «unvergleichlichem» *Le paysan de Paris* wahrnahm, beruhte genau auf dieser dialektischen Beziehung zwischen empirischer Untersuchung und Erleuchtung. *Nadja* selbst ist der Bericht über eine Niederlage und nicht über die himmlische Herrlichkeit der «bewundernswerten Liebe».[7] Benjamin war sich nur zu deutlich der Gefahr bewußt, daß der Surrealismus seine materialistische, anthropologische Seite verlieren könnte.

«Jede ernsthafte Ergründung der okkulten, sürrealistischen, phantasmagorischen Gaben und Phänomene hat eine dialektische Verschränkung zur Voraussetzung, die ein romantischer Kopf sich niemals aneignen wird. Es bringt uns nämlich nicht weiter, die rätselhafte Seite am Rätselhaften pathetisch oder fanatisch zu unterstreichen; vielmehr durchdringen wir das Geheimnis nur in dem Grade, als wir es im Alltäglichen wiederfinden, kraft einer dialektischen Optik, die das Alltägliche als undurchdringlich, das Undurchdringliche als alltäglich erkennt.»[8]

Seine scharfen Worte, die sich gegen das Mysterium des «Spiritismus» und nicht das der Liebe richteten, weisen auf die von den Surrealisten empfundene Notwendigkeit hin, bei ihren Untersuchungen irgendeine Form von dialektischem Materialismus zu wahren, selbst angesichts von Bretons «mysteriöser» Offenbarung in dem Abschnitt aus der «Enquête», der hier vollständig angeführt werden sollte:

«Diesem Wort, Liebe, an dem Possenreißer ihren plumpen Geist wetzten, um ihm jede mögliche Verallgemeinerung und Verfälschung anzutun (Kindesliebe, göttliche Liebe, Liebe zum Vaterland), geben wir hier selbstverständlich seine strikte und bedrohliche Bedeutung einer totalen Bindung an einen anderen Menschen zurück, basierend auf der imperativen Anerkennung von Wahrheit – *unserer* Wahrheit ‹in einem Körper und einer Seele›, dem Körper und der Seele dieses Menschen. Was wir hier meinen, ist jener plötzliche Verzicht im Laufe einer Wahrheitssuche, die die Grundlage aller sinnvollen Betätigung ist, auf die mehr oder weniger geduldige Untersuchung

aufgrund oder zugunsten einer manifesten Tatsache, zu deren Erschaffung wir nichts beigetragen hatten und die an einem bestimmten Tag und mit einem bestimmten Gesicht mysteriöserweise Fleisch wurde.»
Der Zweck der «Enquête» war nicht bloß, sich die geheimnisvollen Inkarnationen der Liebe bestätigen zu lassen, sondern, nachdem man diese zur Tatsache erklärt hatte, deren potentielle Verlängerung in die öffentliche Domäne von «*la vie sordide*» zu untersuchen, eine typisch provokante Neuformulierung des Konflikts zwischen Liebe und Pflicht (der einst in den Alexandrinern der klassischen französischen Tragödie so vollkommenen Ausdruck gefunden hatte). Dabei wird bezeichnenderweise von der Annahme ausgegangen, daß ein Mann eher in die Lage kommt, einen solchen Konflikt zu erleben, als eine Frau. Bretons eigene Reaktion ist sowohl eine äußerst elegante Lösung als auch ein Anzeichen eines Identitätsproblems: er druckt Suzanne Muzards Stellungnahme ab, als sei sie seine eigene.

Die Untersuchungen der Sexualität, im Jahr des Erscheinens von *Nadja* begonnen, überspannen eine besonders turbulente Periode surrealistischer Aktivität. Diese war gekennzeichnet durch eine gleichzeitige Wendung der Bewegung nach innen («Es ist unerläßlich, die Öffentlichkeit draußenzuhalten, wenn man Verwirrung vermeiden will»[9]) und durch die Einforderung des Rechtes, sich zu allen Fragen zu äußern. Breton verfolgte zudem nicht bloß das Ziel, ein Gleichgewicht zwischen Freud und Marx zu wahren, sondern Aktivitäten zu initiieren, die es gestatten würden, Opposition gegen die gesellschaftliche Ordnung mit der Erforschung von Zuständen des Bewußtseins und Unbewußten zu verknüpfen.
«Wie kann man die Behauptung akzeptieren, daß man die dialektische Methode legitimerweise nur zur Lösung gesellschaftlicher Probleme heranziehen könne? Das ganze Ziel des Surrealismus besteht darin, sie im unmittelbarsten Bereich des Bewußtseins mit praktischen Möglichkeiten zu versehen. Ich kann – ungeachtet einiger engstirniger Revolutionäre – wirklich nicht erkennen, warum wir die Revolution nicht unterstützen sollten, vorausgesetzt, wir betrachten die Probleme von Liebe, Traum, Wahnsinn, Kunst und Religion aus demselben Blickwinkel wie sie.»

Diese Feststellung, offen provozierend in dem bereits frostig werdenden Klima der Kommunistischen Partei Frankreichs und leicht mißdeutbar, wäre von den Surrealisten und ihren Mitläufern im Kontext der Debatten über die Einstellung der Surrealisten zu politischer Aktion und ihrem Beharren auf der Notwendigkeit, ihre eigenen Untersuchungen autonom und unabhängig fortzusetzen, verstanden worden. Breton, Péret, Unik, Eluard und Aragon waren zwar Pierre Naville in die Kommunistische Partei gefolgt; aber das *Zweite Manifest* berichtet von Bretons Schwierigkeiten mit den Aufgaben, die ihm die Partei stellte, und argumentiert: «Das Problem der sozialen Aktion ist – ich muß darauf zurückkommen und ich beharre darauf – nur eine Erscheinungsform von einem allgemeineren Problem, das aufzuwerfen der Surrealismus sich verpflichtet hat und welches *das des menschlichen Ausdrucks in allen seinen Formen ist.*» Dies ist offenkundig nicht bloß eine Frage des literarischen Ausdrucks – de facto ist es das genaue Gegenteil davon. Wieder war es Benjamin, der darauf hinwies, daß die Schriften der Surrealisten nicht Literatur seien, sondern etwas anderes («Manifestation, Parole, Dokument, Bluff, Fälschung wenn man will, nur eben nicht ... Literatur»), «daß hier buchstäblich von Erfahrungen, nicht von Theorien, noch weniger von Phantasmen die Rede ist».[10] Worum es ging, war die Möglichkeit des Ausdrucks, der der menschlichen Psyche als Ganzes gerecht werden würde, nicht bloß als bewußtes, kontrolliertes Denken und Handeln, sondern unter Einschluß verborgener, unbewußter Ebenen, die sich aus surrealistischer Sicht in Träumen und im Wahnsinn manifestierten und in irgendeiner Form potentiell zugänglich waren. Dabei konnte es natürlich nicht darum gehen, «das Ganze der Psyche ... als Ganzes auszudrücken», sondern Elemente davon, wie fragmentarisch und partiell auch immer, ins Bewußtsein heraufzuholen. Für die Surrealisten war «Hysterie» nicht weniger eine Ausdrucksform der Psyche als automatisches Schreiben. Die Frage der Sexualität war von besonderer Bedeutung, und hier stehen sie natürlich in Einklang mit Freud, und in seiner Schuld. Ihr Ansatz und ihre Schlußfolgerungen unterscheiden sich jedoch sehr stark von seinen. Aus ihrer Sicht wollten sie die Analyse nicht dazu benutzen, den Menschen zu einer Normalität zurückzuführen, die von der

Gesellschaftsordnung vorgegeben war und auf dieser beruhte, sondern sie beabsichtigten, die explosiven Möglichkeiten menschlicher Ausdrucksfähigkeit einschließlich der Sexualität auszuloten. Wie Breton im *Zweiten Manifest* schrieb: «Alles muß getan werden, alle Mittel sind recht, um die Ideale Familie, Vaterland, Religion zu zerschlagen. Die surrealistische Position mag in dieser Hinsicht so bekannt sein, daß sie keine Kompromisse zuläßt. Die es sich zur Aufgabe setzen, sie zu halten, verharren in dieser Verneinung und pfeifen auf alle anderen Wertmaßstäbe. Sie sind entschlossen, sich höchlichst zu ergötzen an dem so gut gespielten Jammer des bürgerlichen Publikums – das immer in gemeinster Weise bereit ist, ihnen ein paar ‹Jugend›-Sünden nachzusehen –, über ihr unverändertes Bedürfnis, hemmungslos über die französische Fahne zu witzeln, ihren Ekel jedem Priester ins Gesicht zu speien und auf die Brut der ‹vornehmsten Pflichten› mit der weittragenden Waffe des sexuellen Zynismus zu antworten.»[11]
Breton hat hier die Haltung der herrschenden Klasse gegenüber der sexuellen Kontrolle vor Augen: Fortpflanzung im Rahmen der Familie wurde in einem Land, das wie hypnotisiert auf die sinkende Geburtenrate starrte, als vaterländische Pflicht angesehen, eine Sicht, voll verstärkt von der immer noch mächtigen katholischen Kirche. Den «sexuellen Zynismus», für den Breton eintritt, sollte man nicht mit irgendeiner Art von «Libertinismus» verwechseln. Bretons Form von «surrealistischer Sexualmoral» tolerierte nicht die gesellschaftliche Doppelmoral, die der Prostitution eine Funktion zuwies; «bezahlter Sex», wie er es nannte, ist ihm verhaßt, und er sagt, er träume davon, die Bordelle zu schließen.
Aber die Einstellung der Surrealisten zu Sex und Familie bildete nicht weniger einen Gegenstand des Streites mit der Kommunistischen Partei. Das Telegramm an Moskau, in dem das Engagement der Surrealisten für die Dritte Internationale bekräftigt wurde und das auf der ersten Seite der neuen Zeitschrift *La surréalisme au service de la révolution* abgedruckt war, enthielt keine ernsthafte Distanzierung von ihren Methoden der Einmischung und Untersuchung. In den Augen der KPF unterschied sich die Fixierung der Surrealisten auf die Erotik in keiner Weise von Pornographie. So erschien ihnen etwa der Erotizismus von Dalis Text «Rêverie»[12] überflüssig und

pervers, und sie forderten Breton auf, ihn zu verurteilen, was er ablehnte.

Liebe von der Normierung der Sexualität in der Ehe zu trennen und die Festlegung der Frau auf die Mutterrolle – gewöhnlich aufgrund einer essentialistischen Identifizierung der Frau mit der Natur – zu verwerfen, das waren grundlegende surrealistische Positionen. Daß die Surrealisten die Familie ablehnten, impliziert auch eine ganz eigene Auffassung von zentralen Thesen der Freudschen Theorie. Der langfristige sexuelle Zynismus, den sie gegen die bürgerliche Familie und die patriarchale Macht richteten und der offensichtlich Bestandteil einer Gesellschaftskritik war, erklärt in gewisser Weise auch die Ablehnung der Ödipustheorie, die den Kern der Freudschen Psychoanalyse bildet. Wie Foucault in *Sexualität und Wahrheit* argumentiert, habe die Psychoanalyse das Bündnisgesetz wiederentdeckt, wobei der Inzest den Schlüssel zu einer durch die Ehe konstituierten Sexualität bildete. Der Wortwechsel zwischen Breton und Unik beim vierten Treffen sollte deshalb nicht als Bestätigung des «Todes des Vaters» verstanden werden, sondern als Leugnung, daß die Eltern-Kind-Beziehung allein das Begehren weckt.

«PIERRE UNIK: Ich erkenne niemandem das Recht zu, den Ausdruck «Kinder haben» zu gebrauchen. Es gibt keine Väter.

ANDRÉ BRETON: Kinder haben keine Väter...»[13]

Die Faszination, die die Welt der Sexualität insgesamt auf die Surrealisten ausübte, hat mit Freud die Untersuchung von allem gemein, was als Perversion abgestempelt worden war; dazu zählte die «Inversion», obwohl die Frage der Vorliebe für Angehörige des eigenen Geschlechts zu den dramatischsten Konflikten innerhalb der Gruppe führte. Die «Recherchen» erforschten, was Freud «Abirrungen des Geschlechtstriebes in bezug auf sein Objekt und sein Ziel»[14] nannte, wie Fetischismus, Exhibitionismus, Voyeurismus oder Masturbation. Aber ihnen ging es nicht um Analyse im Freudschen Sinn, und sie interessierten sich deshalb nicht besonders für kindliche Sexualität. Berichte über frühe Erinnerungen an sexuelle Erlebnisse scheinen wenig mit einer psychoanalytischen Begründung für unterdrückte oder sublimierte sexuelle Kräfte zu tun gehabt zu haben oder von Freuds Auffassung über die Ur-

sprünge des Sexualtriebes und dessen Entwicklungsstadien geprägt gewesen zu sein.
Fragen bezüglich sogenannter Abweichungen wurden von den Surrealisten in der Annahme gestellt und beantwortet, daß diese den Wert von Fakten hatten, etwa in der gleichen Weise, wie ein Traum für sie eher den Wert eines poetischen Faktums als eines Werkzeugs für die Analyse hatte. Und obwohl Freuds Interesse an der Beziehung zwischen «Abweichungen» und «dem als normal Angenommenen» den Begriff der sexuellen Normalität unter ungeheuren Druck setzte, trug er in gewissem Sinne eher dazu bei, diesen zu erweitern, als ihn ernsthaft in Frage zu stellen. Ein Großteil seiner Erkenntnisse beruhte auf der Beobachtung neurotischer Patienten, und erst später lenkten die Untersuchungen «normalen» sexuellen Verhaltens durch Sexualwissenschaftler wie Kinsey oder Masters und Johnson die öffentliche Aufmerksamkeit auf die Probleme gesellschaftlicher Annahmen in bezug auf sexuelle Herrschaft und Moral und die Realitäten sexuellen Verhaltens und sexueller Identität. Was die weibliche Sexualität betrifft, haben neuere Untersuchungen gezeigt, «daß die weibliche Libido kaum schwächer – und vielleicht sogar stärker – ist als die männliche, und daß Frauen viel orgasmischer sind, als sich die Freudsche Psychologie erträumt hatte».[15] Obwohl ihre Methoden uns heute sexistisch erscheinen mögen, eröffnete die offene Herausforderung der gesellschaftlichen Kontrolle der Sexualität durch die Surrealisten zwangsläufig eine Debatte über weibliche Sexualität (siehe zum Beispiel die Diskussion über «Klitorale» versus «Vaginal-Uterine» beim siebten Treffen). Die radikale Untersuchung der Sexualität durch die Surrealisten verläuft parallel zu den Entwicklungen der Psychoanalyse in Frankreich während der zwanziger Jahre, und in einer komplementären Weise trugen beide zur Erschütterung der Fundamente des Normalitätsbegriffs bei und reagierten darauf.

Die ersten «Recherchen», die veröffentlicht wurden, trugen den Untertitel «Die Rolle von Objektivität, individuellen Determinanten und Bewußtseinsgrad». Das Versprechen bzw. die Hoffnung war somit, Sexualität gleichzeitig in Hinblick auf die Möglichkeit objektiver Erkenntnis wie auf individuelle

Determinanten zu untersuchen. Es wird kein anderer Rahmen vorgeschlagen: tatsächlich werden diese Untersuchungen explizit außerhalb eines gesellschaftlichen oder moralischen Rahmens gestellt, obwohl die Frage einer «surrealistischen Moral» auftaucht, wie wir gesehen haben. Sie wurden ganz klar als Aktivität verstanden, die von ihrer ganzen Anlage her – nämlich ihrem privaten Charakter – helfen würde, die Vorstellungen von «Familie, Religion und Vaterland» zu untergraben. Sie versuchen sich auch von jedwedem Bezugsrahmen zu distanzieren, den Erotik und Lüsternheit bieten könnten. «Ich habe eine denkbar schlechte Meinung von erotischer Literatur», erklärt Breton, «Sade oder Louÿs sind für mich keine erotische Literatur.» Die Einführung zur «Enquête» von 1929 enthält einen weiteren Grund, weshalb die zusätzlichen fünf Sitzungen der ersten Periode nicht veröffentlicht wurden. Den Organisatoren sei speziell daran gelegen, die Aufmerksamkeit von professionellen «Lustmolchen, Frauenhelden und Playboys» sowie von «‹Doktoren› für sogenannten Liebeswahn» und «chronischen imaginären Liebhabern» zu entmutigen. Die ersten beiden Sitzungen hatten offenbar in diesen Kreisen unwillkommenes Interesse geweckt. Die Weigerung, deren Veröffentlichung fortzusetzen, dürfte weniger auf eine allgemeine Furcht vor einem Skandal zurückzuführen gewesen sein – vielleicht ungeachtet individueller Einwände bezüglich privatester Enthüllungen und der Wahrscheinlichkeit strafrechtlicher Verfolgung – als auf Bedenken wegen des Zwielichts, in den ein solcher Skandal die Ziele der Surrealisten rücken würde. «Die Zustimmung der Öffentlichkeit», schrieb Breton, «muß vermieden werden wie die Pest.» Wie Benjamin sagte, ist die Bourgeoisie so dickfellig gegenüber Skandalen, «wie sie empfindlich gegenüber jeder Aktion ist».

Die Fragen werden in ziemlich anarchischer Weise gestellt; manchmal werden sie systematisch von allen Anwesenden beantwortet, manchmal wird ein Teilnehmer in den Zeugenstand gerufen. Schon ihre Form schließt jedwede systematische Entwicklung einer Argumentation aus. Mehr als einmal wechselt Breton abrupt das Thema, wenn das Gespräch eine Wendung nimmt, die ihm mißfällt oder die er mißbilligt.

Aragon, der in den ersten Sitzungen moralische und wissenschaftliche Entrüstung über die Abwesenheit von Frauen

geäußert hatte, fällt sofort über Breton wegen dessen Verwendung des Begriffs «pathologisch» her. Das Thema ist die mögliche Simulierung eines Orgasmus seitens des Mannes. Mehrere Teilnehmer hatten versucht, zwischen Orgasmus und Ejakulation zu unterscheiden, und Breton bemerkte dazu: «Es scheint ja hier lauter pathologische Fälle zu geben.» Aragon erwidert: «Das scheint zu bedeuten, daß manche von uns eine Vorstellung vom ‹Normalmann› zu haben scheinen. Ich wehre mich gegen diese Idee.» Der «Herausgeber» bzw. Protokollant reduziert die folgende Diskussion auf «Zustimmung verschiedener Teilnehmer», während Breton, Baron, Duhamel und Péret als einzige der dreizehn anwesenden Männer protestierten. Bei der Meinungsverschiedenheit geht es darum, ob tatsächlich die Vorstellung eines «normalen Menschen» heraufbeschworen wurde, und nicht darum, ob so etwas existiert, eine Annahme, die dem Geist der «Recherchen» zu widersprechen scheint. Daß sie sich dieser Debatte völlig bewußt sind, geht aus der letzten Ausgabe von *La révolution surréaliste* hervor, in der J. Frois-Wittmanns «Mobiles inconscients du suicide» veröffentlicht wurde. In einer Fußnote definierte Frois-Wittmann *l'homme* dort als «einen Menschen, der sich verhält, als sei er psychoanalysiert worden», die einzige Definition, die ihm damals akzeptabel erschien. Im Gegensatz dazu könnte man Aragons Bemerkung darüber sehen, was er in «Introduction à 1930« als das große zeitgenössische Problem ansieht:
«Das Individuum, das lange eine Vorstellung von seinen spezifischen Determinanten hatte, sieht sich plötzlich mit einem überwölbenden gesellschaftlichen Determinismus konfrontiert, der es einschließt. Das ist der Grund, weshalb ich behaupte, daß das, was diese letzten paar Jahre auf der Ebene der Modernität kennzeichnete, die Agonie und der Tod des essentiellen Individualismus des Menschen von vor zwanzig Jahren ist.»
Die drei von Breton als vorrangig identifizierten Fragen gehen zwar von Geschlechtsunterschieden aus, enthalten jedoch gleichzeitig den Wunsch, diesen Unterschied aufzulösen. Trotz der Abwesenheit weiblicher Teilnehmer werden die Fragen theoretisch gewissenhaft an beide Geschlechter gerichtet. Die erste Frage wurde jedenfalls unterschiedslos Männern wie Frauen gestellt; die anderen zwei wurden zuerst den Männern

vorgelegt, aber dann in Hinblick auf die Frauen wiederholt: «Inwieweit», fragt Breton, «kann die Frau den Orgasmus des Mannes erkennen?» Worauf Morise mit bewundernswerter Ehrlichkeit antwortet: «Darüber weiß ich überhaupt nichts.» Pierre Naville hatte bereits gegen die Abwesenheit von Frauen protestiert, aber dies ist der Moment, in dem Aragon aktiv eingreift. Duhamel hat ihm die unglückliche Frage gestellt: «Mißt Aragon dem Orgasmus des Mannes oder dem der Frau eine größere Bedeutung zu?» Diese Frage legte eine Annahme bloß, über die sich Aragon beklagt hatte: daß in manchen der Antworten Männer und Frauen in der sexuellen Praxis nicht als gleiche behandelt wurden. Was ihn betreffe, sei «jedes weitere Reden über physische Liebe sinnlos, wenn man nicht zuallererst die Wahrheit anerkennt, daß Mann und Frau dabei dieselben Rechte haben». Als Breton etwas lahm protestiert, «wer hat je das Gegenteil behauptet?» erklärt Aragon: «Der Wert all dessen, was bisher gesagt wurde, scheint mir bis zu einem gewissen Punkt von der fatalen Vorherrschaft des männlichen Standpunktes beeinträchtigt.» Sofern der Gedanke der Wechselseitigkeit die eigentliche Grundlage dieser Untersuchungen bildete, und sofern die Fragen aus beschränkter männlicher oder weiblicher Subjektivität herauszutreten suchten, war Aragons Protest offenkundig gerechtfertigt. Er ist eines von vielen Anzeichen, daß die Untersuchungen keineswegs ein gewisses Maß an Übereinstimmung bewirkten, sondern im Gegenteil jedwede Einigkeit spalteten, und Zeichen von Spannung innerhalb der Gruppe häufen sich denn auch in den Momenten, wo der Begriff der «Normalität» auftaucht.

Obwohl die drei «vorrangigen» Fragen aufgrund einer Unterscheidung zwischen männlicher und weiblicher Sexualität gestellt wurden, ging es weniger darum, diesen Unterschied als solchen zu untersuchen, irgendwelche wesentlichen Eigenschaften männlicher und weiblicher Sexualität festzustellen, als zu schauen, ob und wie die individuellen Bedingungen eine Gegenseitigkeit im Erleben des Begehrens und der *jouissance* gestatteten. Aber die Vielzahl anderer Formen von Anziehung, Sinnlichkeit, Liebe und Verlangen, einschließlich Fetischismus, Sodomie, Voyeurismus und Homosexualität, drängen die Diskussion oft auf viel offeneres und ungesicherteres Gelände.

Erörterungen über das Betrachten und Berühren des Körpers offenbaren in den Sitzungen, bei denen Frauen anwesend sind, Unterschiede in der Anziehung und im Verlangen, die eher individuell als geschlechtsspezifisch sind.
Bretons vehemente Ablehnung der Erörterung männlicher Homosexualität in der zweiten Sitzung wird oft zitiert, während Aragons völlig andere Reaktion unter den Tisch fällt. Nach Aragons Ansicht ist dies eine «habitude sexuelle» wie jede andere und entzieht sich jeder moralischen Verurteilung. Auf die Frage, ob er sogenannte Perversionen verurteile, antwortet Breton, keineswegs – mit dieser einen Ausnahme. Diese Frage wird in der neunten Sitzung in Anwesenheit von Frauen erneut und viel ausführlicher erörtert. Weder unter den Männern noch den Frauen besteht ein Konsens, obwohl sich die Männer gegenüber weiblicher Homosexualität viel toleranter äußern. Bisexualität wird sowohl in der Theorie als auch in der Praxis weitgehend akzeptiert, besonders seitens der weiblichen Teilnehmer. Der Widerstand einiger Männer gegen männliche Homosexualität verbindet sich mit Vergnügen an der Darstellung von Sex zwischen Frauen, was der inneren Gestaltung einer männlichen sexuellen Identität offenbar weniger Probleme bereitet.
Die Anwesenheit von Frauen in der zweiten Reihe von Zusammenkünften stellt, falls dies angestrebt worden sein sollte, die Vorstellungen von «normaler» männlicher und weiblicher Sexualität nicht wieder auf ein festes Fundament. Als Frauen schließlich an der achten Sitzung teilnehmen, kommen nach einem gestelzten Anfang, bei dem die Fragen offenbar erstmals schriftlich formuliert wurden und eine Interessenverlagerung unverkennbar ist, die ursprünglichen Schlüsselfragen wieder zur Sprache. Ebensowenig wie bei den männlichen Surrealisten besteht bei den Frauen Übereinstimmung in bezug auf die individuelle Praxis.[17] Sie vertreten häufig andere Ansichten als die Männer, aber obwohl sie nicht schweigen, sind sie in gewissem Sinne stumm. Außer Frage standen zwar ihre volle Teilnahme, ihre sexuelle Gleichberechtigung und ihr Recht, offen über ihre eigene Sexualität zu sprechen, was sie tun, aber es ist, als ob sie nicht gehört würden, oder falls ja, nur um Widerspruch zu ernten: Breton, der erneut versucht, sein Netz auszuwerfen, um den Unterschied zwischen männ-

lichen und weiblichen Zuständen von *jouissance* einzufangen und zu definieren, provoziert den folgenden Wortwechsel:
«SIMONE VION: Es gibt einen Zustand der Luststeigerung, und es gibt einen Höhepunkt der Lust.
ANDRÉ BRETON: Obwohl wir wissen, daß der Orgasmus eine Grenze ist, wie können wir mit Sicherheit sagen, daß es für die Frau genauso ist?
SIMONE VION: Ich für meinen Teil denke, daß ich, wenn es passiert ist, gern möchte, daß es aufhört.
PAUL ELUARD: Nicht alle Frauen denken ...»
Die ambivalente Einstellung der Surrealisten zu den Frauen, wie sie sich in deren Behandlung in den Werken männlicher Surrealisten, ihrer Teilnahme am täglichen Leben der Bewegung und ihrem Ringen um einen Freiraum zeigt, in dem sie selbst schöpferisch tätig werden können, ist eingehender kritischer Prüfung unterzogen worden. Den männlichen Surrealisten fiel es schwer zu begreifen, daß *l'amour fou* zweischneidig sein könnte, und den Widerspruch wahrzunehmen, daß sexuelle Freiheit für die Surrealistinnen immer noch bedeutete, zum stummen und oft fetischisierten Objekt der Blicke gemacht zu werden. Xavière Gauthier war eine der ersten, die in *Surrealismus und Sexualität* auf die phallisierte Sprache der Sexualität im Surrealismus hinwies. Obwohl der Surrealismus insgesamt eine männlich-heterosexuelle Einstellung an den Tag lege, erklärt sie, kreisten die Werke vieler seiner Künstler und mancher seiner Dichter um das Perverse, das, «bei dem Versuch, dem ‹Gesetz des Vaters› zu entfliehen, ‹am rechten Platz [ist] für die Umwälzungen und Revolutionen, die die kulturellen Wahlmöglichkeiten fortschreiten lassen›.»[18] Gauthier hat folgenden Eindruck: «Die Frau: Gut und geliebt in der surrealistischen Dichtung, böse und gehaßt in der surrealistischen Malerei.»[19] «Ob sie den weiblichen Körper und ihre Liebe zu ihm idealisierten, wie sie es in ihrer Dichtung taten, oder ihn attackierten und zerstückelten, wie in ihren Gemälden, die männlichen Surrealisten benutzten nach Gauthiers Analyse im Grunde die Frau und spannten sie in ihre Rebellion gegen den Vater ein.»[20] Die Radikalität von Gauthiers Argumentation, die, inspiriert von Lacan und Bataille, die Frauenfeindlichkeit des Surrealismus ebenso vorführte wie die Perversität und Skrupellosigkeit von dessen Sexualität, die

sich in seinen Werken manifestiert, wurde damals in Frankreich als ein Großangriff auf den Surrealismus verstanden. Aber einige Verteidiger des Surrealismus, wie der *préfacier* dieses Buches, J.-B. Pontalis, erkannten, obwohl sie Teile von Gauthiers Argumentation inkompatibel fanden, daß manche ihrer Entdeckungen dem Ansehen der Bewegung eher nützen als schaden könnten. Die Veröffentlichung der «Recherchen» ergibt ein viel komplexeres Bild der sexuellen Einstellungen der Surrealisten, Männern wie Frauen, wie auch ihrer bewußten und unbewußten Annahmen über ihre eigene Sexualität. Es ist zu erwarten, daß dies zu einer Neubeurteilung der Elemente des Begehrens und der Sprache der Erotik in surrealistischen Werken anregt. Rosalind Krauss' Behauptung in «Corpus Delicti», die Gewalt gegen den weiblichen Körper und dessen Zerstückelung in der surrealistischen Photographie habe einen Prozeß der Demontage vorhandener Frauenbilder in Gang gesetzt, wird durch diese Werke in gewissem Maße bestätigt.[21] Rundheraus zu behaupten, daß die Surrealisten Frauenhasser waren, hieße jedoch in meinen Augen, vorschnell den Stab über die surrealistischen Auseinandersetzungen mit der Sexualität zu brechen.[22]

Magrittes *Je ne vois pas la (femme) cachée dans la forêt* wurde als Bestandteil der «Enquête» von 1929 in *La révolution surréaliste* neben seinen eigenen Antworten auf die vier in diesem Zusammenhang gestellten Fragen reproduziert. Diese beantwortet er in ausgesprochen orthodoxer surrealistischer Manier, mit besonderer Betonung eines Aspekts des Fragebogens, der für sein eigenes künstlerisches Schaffen relevant war. Die Hoffnung, die er in die Liebe setzt, ist genau die der zweiten Frage – wobei er von der Idee auf das Faktum des Liebens umschwenkt: «Das einzige, was ich über die Hoffnung weiß, die ich in die Liebe setze, ist, daß es nur einer Frau bedarf, um sie Wirklichkeit werden zu lassen.» In derselben Nummer von *La révolution surréaliste* schreibt Magrittes belgische Landsmännin Camille Goemans in «De l'amour à son objet» über die Gefahr der Klischeebildung in der Liebesmetaphorik: «Das sich selbst genügende Liebespaar» könnte leicht zu einem Klischee werden, während «das andere Sinnbild, das die Liebe mit verbundenen Augen darstellt, uns vielleicht verleiten möchte, mehr zu offenbaren, als uns genehm wäre». Natürlich präsentiert Magrittes Bildmontage «die Frau» nach wie vor als Phantasieobjekt männlicher Begierde. Aber es ist ein merkwürdig unbehagliches Produkt männlicher Begierde, eine kuriose, unnahbare, distanzierte Erscheinung, bei der die Verquickung von nackt und bekleidet nicht als erotisierender Funke wirkt. Die halbverschämte Geste der Frau ist eher eine versunkene Selbstliebkosung als ein Akt des Selbstschutzes. Und die Männer auf den Schnappschüssen eines Paßbildautomaten, so platt, banal und unvergleichbar mit den faszinierenden Modellen von Man Rays Porträtphotos, sind ebenso isoliert voneinander wie von der Frau. Und was soll die altmodische Adrettheit der Herrenkleider – die Männer wirken beengt, stutzerhaft, unbehaglich in diesem spießigen Aufzug, der sich so von ihrem üblichen unterscheidet, mit ihren Krawatten, engen Krägen, Jacketts und Überziehern. In diese Uniform gezwängt und etwas lächerlich, wirken sie wie Magrittes hämisches Gegenstück zu dem dramatischen – fast hysterischen – jungen Mann in Dalis und Buñuels *Un chien andalou* (dessen Drehbuch in derselben Nummer von *La révolution surréaliste* abgedruckt ist), der sich mit «gesellschaftlichen» Hindernissen herumschlägt (Priestern, Konzertflügeln), die ihn von der Frau seiner Träume fernhalten. Aber das Bild setzt sich auch mit Fragen auseinander, die in den Sitzungen in verschiedenen Zusammenhängen auftauchen – zum Beispiel der Frage der Masturbation: «Welche Vorstellungen begleiten das Begehren?»; die Auffassung war, daß dies keine rein imaginäre Figur sein könne. In anderen Augenblicken wird das Objekt der Begierde jedoch als ideale Frau dargestellt; in Aragons *Le paysan de Paris* erscheint den drei Surrealisten, die nachts zusammen durch den Wald von Buttes-Chaumont streifen, dasselbe Trugbild einer Frau, «so wahrhaft zu allem bereit, daß es ihretwegen die Mühe lohnen würde, das Universum umzustürzen». Magrittes gemalte Frau, verborgen, unerreichbar, das gleichzeitige Objekt der Phantasien all der träumenden Männer, könnte die visuelle Manifestation dieses Augenblicks sein. Obwohl dieses Band des Begehrens alle umfängt, läßt es doch auch eine Ambivalenz erkennen, eine sexuelle Spannung zwischen den Freunden, deren erklärtes Objekt in eine andere Sphäre entrückt ist.

Die Ambiguität dieses Bildes findet einen interessanten Niederschlag in Bretons Einführung in die Internationale Surrealismus-Ausstellung von 1959–60: Die Erotik, schreibt er, als «privilegierter Ort, ein Theater der Provokationen und Prohibitionen, in dem die elementarsten Kräfte des Lebens aufeinanderprallen», stelle das einzige Gebiet dar, die einzige organische Liaison, die Betrachter und Betrachteten zusammenbringen könne. Diese Vorstellung, fährt er fort, sei «dem Surrealismus immer zugrunde gelegen». Breton blickt auf ein Vierteljahrhundert surrealistischer Einmischung zurück, und seine abgeklärten Formulierungen in diesem Vorwort über die Liebe als «größtes Geheimnis der Menschheit» und die ungeteilte Bejahung der Erotik als gemeinsamer Nenner in Werken, die, wie er sagt, so extrem verschieden sind wie die von Duchamp und de Chirico, gehen glättend über manche jener früheren Momente in der Geschichte der Bewegung hinweg, in denen Fragen weiblicher und männlicher Sexualität heftig diskutiert, Bedeutungen in Frage gestellt und individuelle Praktiken gebilligt oder verworfen wurden.

Die Beziehung zwischen Sexualität und Liebe war in den «Recherchen» Gegenstand erbitterter Auseinandersetzungen. Die Extrempositionen vertraten Jean Genbach, exkommunizierter Priester mit angeblich satanischen Tendenzen, und Paul Eluard. Ersterer äußert zu Beginn der vierten Sitzung sein Befremden darüber, daß die Surrealisten beides trennen könnten: «Ich bin bestürzt darüber, daß Sie sich mit der Frage der Sexualität in physiologischer Hinsicht befassen, daß Sie sie von der Liebe trennen können.» Bretons floskelhafte Antwort: «Davon war niemals die Rede», deckt die Widersprüche zu, die diese Frage für ihn aufwarf. Eluard erhebt im Gegensatz dazu in der achten Sitzung grundsätzlichen Einspruch gegen die Richtung, in die Breton die Diskussion steuert. Er protestiert, daß «dies eine Untersuchung über die Sexualität und nicht über die Liebe» sei. Etwas später fügt er hinzu: «Auf alle Fragen, die ich stelle, weigere ich mich zu antworten, wenn es um Liebe geht.» Später mildert er das durch die Bemerkung: «Sinnlichkeit ist etwas Reines, bei der menschliche Wesen nicht in Betracht gezogen werden dürfen.» Für Breton ist im Gegensatz dazu Sinnlichkeit unrein; der Streit setzt sich in den nächsten beiden Sitzungen fort. Obwohl die Surrealisten von Bataille und der *Documents*-

Gruppe als poetische Träumer und weltfremde Idealisten gekennzeichnet wurden, die, wie aus Texten wie «Die Sprache der Blumen»[23] hervorgehe, unfähig seien, menschlicher Gemeinheit ins Auge zu sehen oder darauf zu reagieren, war dies eher eine Karikatur der Komplexität ihrer Haltung. Breton warf Bataille im *Zweiten Manifest* eine Rückkehr zum alten «vulgären Materialismus» vor; Bataille nannte die Surrealisten «niederträchtige Idealisten» – und verknüpfte damit bewußt «niederträchtig» und «ideal», niedrig und hoch, zu einer unvereinbaren und abstoßenden Konjunktion. Aber statt daß sich in den «Recherchen» nach und nach ein surrealistischer Liebesbegriff herausschält, ist ein stetes Wechselspiel zwischen Pessimismus und Optimismus, zwischen Hoffnung und Verzweiflung angesichts der sexuellen Erfahrungen festzustellen. In der sechsten Sitzung erfolgt auf einen Ausbruch von Artaud eine aufschlußreiche Reaktion Bretons gegen die Befriedigungen, die Liebe schenken könne, und voll Horror über die von Artaud beschworene «Unterwerfung und Entpersönlichung». Nachdem Breton den Begriff «Befriedigung» zurückgewiesen hat, fährt er fort:
«Wenn ich die Liebe über alles stelle, dann tue ich dies, weil sie für mich der verzweifeltste und am meisten zur Verzweiflung bringende Stand der Dinge ist, den es gibt. Meine Entpersönlichung auf diesem Gebiet ist genau das, was ich erhoffe. Was meine Unterwerfung angeht, so ist sie so sehr mit Dominanz vermischt, daß ich ganz darin aufgehe. Ich habe endlich das Gefühl, nicht mehr frei für nichts zu sein.»
Die gewissenhafte Hinterfragung «konkreter Fakten», wie sie sich in individueller Praxis und Vorliebe verkörperten, konnte sich nicht ganz von dem zeitgenössischen Diskurs über Sexualität auf anderen Gebieten abkoppeln und nimmt manchmal tatsächlich bewußten Bezug darauf. Ein wichtiges Beispiel dafür ist die Reaktion der Surrealisten auf die neugegründete *Revue française de psychanalyse*, die, wie sie von sich selbst behauptete, «unter persönlicher Schirmherrschaft von Professor Freud» erschien. Freuds Werke wurden darin regelmäßig in französischer Übersetzung veröffentlicht. Elisabeth Roudinesco vertritt die Auffassung, die Surrealisten hätten das Vokabular von «Sex-Belauschern» parodiert, was «ihren Wortgefechten einen technischen Einschlag gibt ... die

Dichter übersetzten ihre Phantasmen in ein spielerisches Vokabular – und versetzten sich damit in eine Art laufende Therapie, die es ihnen ermöglichte, ein Lexikon der Leidenschaften zu entwickeln».[24] Vielleicht übten sie auch indirekte Kritik an diesem Akt der Unterdrückung, mit dem die Analytiker ihre eigene Sexualität ignorierten, während sie sich auf die ihrer Patienten konzentrierten.

Wie nicht anders zu erwarten, entspringen manche der Themen und individuellen Reaktionen in den «Recherchen» literarischen und poetischen Quellen; so ist Queneau, nachdem er beschrieben hatte, wie er sich zwei Frauen beim Liebesspiel vorstellte, gezwungen, zuzugeben, daß er keine unmittelbare Erfahrung mit einem solchen Geschehnis habe und daß seine Bemerkungen «livresque et imaginatif» seien. Obwohl Breton ihr eigentliches Diskussionsthema ausdrücklich von erotischer Literatur distanziert, schöpfen manche der Antworten doch unverkennbar aus genau dieser Literatur. Uniks Vorstellung von der abnorm großen Klitoris läßt sich zum Beispiel auf Sades «sexuelle Terroristen» zurückführen, wie Angela Carter sie nannte: phallische Frauen wie Madame Champuille in *Die 120 Tage von Sodom* oder *Juliettes* Durand. Sade war natürlich, wie Breton sagte, eine Ausnahme. Es war Sades Beharren auf dem freien Ausleben der Begierden und auf dem anarchischen Wert der Perversion «im Herzen einer Gesellschaft, die sie ablehnt und verurteilt»,[25] was ihn in gewisser Weise zu der wichtigsten Figur im Schatten hinter den «Recherchen» macht.

Aber eines der Themen, die die Glaubwürdigkeit des Zeugen für den zeitgenössischen Leser am stärksten in Frage stellen, ist die offenkundige Faszination, welche das Phänomen des Sukkubus auf die Surrealisten ausübte. («Sukkubus: ein Dämon, der dem Volksglauben zufolge weibliche Gestalt annimmt, um mit einem Mann Verkehr zu haben.»[26]) Das Interesse der Surrealisten am Sukkubus – wobei sie sicherlich aus der romantischen Dämonologie von Baudelaires «*succube verdâtre*» bis Barbey d'Aurevillys «Le rideau cramoisi» schöpften, einer der wenigen direkten literarischen Bezugnahmen in den ganzen «Recherchen» – lag zum Teil an der Herausforderung, die dieser für die Phantasie darstellte, oder vielmehr für die Vorstellung einer klaren Trennung zwischen Wirklichkeit und Phantasie. In der berühmten Formulierung des *Zweiten Manifests*:

«Alles legt uns die Annahme nahe, daß es einen gewissen Punkt im Bewußtsein gibt, ab dem Leben und Tod, Wirklichkeit und Phantasie, Vergangenheit und Zukunft, Mitteilbares und Nichtmitteilbares, Hohes und Niedriges aufhören, als Gegensätze wahrgenommen zu werden.» Der Sukkubus bewegt sich in dieser Grauzone, und in Freudschen Begriffen könnte man von ihm auch sagen, daß er Symptome des Unheimlichen aufweist.

Die Frage des Sukkubus taucht im Verlauf einer Diskussion darüber auf, ob Masturbation von der Vorstellung (eines Mannes oder) einer Frau begleitet wird. Naville fragt Péret, ob er schon einmal eine sexuelle Begegnung mit einem Sukkubus hatte. Ja, antwortet Péret, und das ist viel besser als Selbstbefriedigung. Der Unterschied, den er geltend macht, ist der zwischen einem Traum und der Phantasie im Wachzustand, aber Breton kritisiert dies als viel zu vage und sagt, der Unterschied sei, daß man keine Wahl habe. Genbach, der exkommunizierte Priester, geht ihnen in der vierten Sitzung sichtlich auf den Leim und läßt sich in der Frage des Sukkubus völlig verwirren, die er trotz seiner Beteuerungen nicht in surrealistischen Kategorien versteht.

Obwohl dieses Interesse am Dämonenglauben ebenso fragwürdig erscheinen mag, wie ihr Flirt mit dem Spiritismus auf Benjamin wirkte, ist es faktisch eine Art von privatem Kürzel für den Streit, den die Surrealisten mit den zeitgenössischen Vertretern der Psychologie und Psychiatrie hatten, für ihre radikale Infragestellung gesellschaftlich vermittelter Definitionen von Geisteskrankheit und ihren Angriff auf Vorstellungen von Normalem und Krankhaftem in der Sexualität. Bretons Bewunderung für den Huysmans von *En Rade* und *Là-Bas* – mit dem, wie er in *Nadja* schrieb, «ich soviel Gemeinsamkeit feststelle in unserer Art, die Welt zu bewerten, in der Art des Wählens unter allem Vohandenen mit all der Voreingenommenheit der Verzweiflung» – macht in diesem Zusammenhang die Rolle des Dämonenglaubens klar, denn dieser stellt das Bindeglied zum Phänomen der Hysterie dar. Breton und Aragon betrachteten die Hysterie ebensosehr aus der Perspektive Huysmans wie aus der Freuds. Durtal, der in *Là-Bas* eine Biographie des mittelalterlichen Dämonologen und Mörders Gilles de Rais schreibt, entdeckt Überreste satanischer Praktiken, die noch in Frankreich

existieren, und zwar mit Hilfe von Madame Chantelouve, die im Ruch steht, von Inkubi heimgesucht worden zu sein, und die ihn verführt. Sein Freund, der skeptische Mediziner Des Hermies, sinnt über den Zusammenhang zwischen den früheren Fällen von Besessenheit und den Hystero-Epileptikern der Gegenwart nach. Die Materialisten, bemerkt er, hätten sich die Mühe gemacht, Berichte über die früheren Hexenprozesse nachzuprüfen, in denen sie auf Symptome von Hysterie gestoßen seien, und er stellt dem die empörende Unverschämtheit der Positivisten gegenüber, die «alles auf den großen hysterischen Anfall *(Hystérie grande)* zurückführen, ohne zu wissen, was diese schreckliche Krankheit ist und was ihre Ursachen sind. Zweifellos unterscheidet Charcot sehr gut die einzelnen Phasen des Anfalls, weist auf die unsinnigen und affektgeladenen Körperhaltungen hin, die verkrampften Bewegungen; er entdeckt hysterogene Zonen und kann, durch geschickte Manipulation der Eierstöcke, die Krisen aufhalten oder beschleunigen, aber wenn es darum geht, sie vorauszusehen, ihre Ursachen und Motive kennenzulernen und sie zu heilen, so ist das eine andere Sache. Die Wissenschaft geht zuschanden an der Frage dieser unerklärlichen, bestürzenden Krankheit, die deshalb Gegenstand der unterschiedlichsten Deutungen ist...»[27]
Selbst wenn die Surrealisten nicht ernsthaft an die Möglichkeit glaubten, von Dämonen besessen zu sein, teilten sie Des Hermies' radikale Skepsis gegenüber einer rein wissenschaftlichen Lösung und hätten Durtals ironische Antwort an Des Hermies verstanden, wenn nicht geteilt: «‹Mhm›, sagte Durtal, ‹da alles behauptet werden kann und nichts sicher ist, hat der Dämonenglauben was für sich. Im Grunde ist er literarischer – und sauberer als der Positivismus.›» Daß der Dämonenglaube als eine poetische Manifestation von Symptomen angesehen wurde, die später als «hysterisch» galten, wird in «Le cinquantenaire de l'hystérie» ebenso bestätigt wie in Aragons «L'entrée des succubes». Es war sowohl eine hintergründige Form, den Primat der Hysterie in Freuds frühen Analysen der Sexualität anzuerkennen – in denen er die Hysterie als eine weitgehend, aber nicht ausschließlich weibliche Neurose gesellschaftlichen Ursprungs ansieht – als auch eine Ablehnung der therapeutischen Ansprüche der Psychoanalyse.

Breton und Aragon nehmen in ihrem Begleittext zu den Photos der *attitudes passionelles* von Charcots Patientin Augustine aus der Salpêtrière, in der gleichen Nummer von *La révolution surréaliste* enthalten wie die «Recherchen», einen ähnlichen Ausgangspunkt ein wie Des Hermies und untersuchen in der Pose «strikter Theoretiker» die Vorgeschichte der Versuche, Hysterie zu definieren (wobei sie sowohl Charcot als auch Madame Chantelouve Tribut zollen), die ihres Erachtens dialektisch zwischen Diabolismus und Wissenschaft schwankten. Sie vertreten die Auffassung, daß deren gegenwärtige Definition als Krankheitszustand nur «ein Augenblick in der Evolution der Hysterie» sei und bieten ihre eigene an:
«Hysterie ist ein mehr oder weniger irreduzibler Geisteszustand, gekennzeichnet durch die Zerrüttung der Verbindungen zwischen dem Betroffenen und der Welt der Werte, die man als die seine ansieht: eine Zerrüttung, die unabhängig von jedem Wahnsystem eintritt. Dieser Geisteszustand basiert auf dem Bedürfnis, zu verführen und verführt zu werden, was die Wunder erklärt, die voreilig der ärztlichen Suggestion (bzw. Gegensuggestion) zugeschrieben werden. Hysterie ist kein pathologisches Phänomen, sondern kann in jeder Hinsicht als höchstes Ausdrucksmittel angesehen werden.»[28]
Die Dämonologie als romantisches Überbleibsel des mittelalterlichen Glaubens an Besessenheit vom Teufel lieferte den Surrealisten somit ein poetisches Alibi und fungierte gleichzeitig als Herausforderung an die psychiatrische Reduktion der «Hysterie» auf einen Krankheitszustand. Diese Figuren steigen aus der Nachtwelt der Sexualität empor – einem verborgenen Schattenreich einsamer und zielloser Liebkosungen und Begierden, wie Aragon es in «Entrée des succubes» beschreibt – über das der wache Verstand keine Kontrolle hat. Es ist nicht schwierig, hier eine Analogie zu der eigenen Arena der Psychoanalytiker zu finden, denn die Surrealisten «manifestierten [in gewissem Sinn] eine geheime, nächtliche und ‹abseitige› Sicht der Lehren, die sie vertraten».[29] Genauso wie ihr Spiritismus «eher eine schrille Demonstration von Ikonoklasmus war als ein Rückgriff auf die Kristallkugel», diente ihr Diabolismus vorrangig dazu, den Primat der Sexualität zu unterstreichen, und nicht, sich der «schwarzen Flut» des Okkultismus in die Arme zu werfen – aber in ihren eigenen

Kategorien und nicht in jenen Freuds oder der französischen Schule der Psychoanalyse.

Dabei waren die Surrealisten zugegebenermaßen bereit, die Qualen der Opfer von Hysterie ebenso zu ignorieren wie das Faktum, daß sie als ein Symptom verdrängter sexueller Triebregungen, oft bisexueller Neigungen analysiert wurde. So groß – und anerkannt – ihre Schuld gegenüber Freud war, mußten sie gegenüber der psychoanalytischen Praxis, der Institutionalisierung einer Disziplin, auf Distanz bleiben. Es konnte nicht Teil ihres Projekts sein, Freuds Ideen in toto als gegeben zu akzeptieren; eine vollständige Darstellung ihrer langen und wechselvollen Beziehung zu dem Begründer der Psychoanalyse muß ebenso erst noch geschrieben werden wie die ihrer geschwisterlichen Beziehung zu Lacan. Möglicherweise hat der Surrealismus fast mehr als jede andere moderne Bewegung die Bedingungen geschaffen, die es den Sprachen der Sexualität und des Körpers gestatteten, jene Form anzunehmen, die sowohl eine Kritik des Surrealismus von innen und von außen ermöglichte als auch den vereinheitlichenden Zusammenfassungen anderer Schulen sich entgegenstellte.

Anmerkungen

Erstes Gespräch

1 Der Text dieses ersten Gesprächs wurde in der Nr. 11 (15. März 1928) von *La Révolution surréaliste*, S. 32–36, veröffentlicht. Der vollständige Titel war: «Untersuchungen über die Sexualität / Objektive Vorausssetzungen, individuelle Bestimmungen, Grad von Bewußtheit». Das Manuskript, das sich in den André-Breton-Archiven befindet, enthält einige Varianten zum gedruckten Text. Diese Varianten werden in den Anmerkungen in eckigen Klammern wiedergegeben, sofern sie nicht im Manuskript ausgestrichen sind (von wenigen Ausnahmen abgesehen, die wert erschienen, trotzdem aufgenommen zu werden).
Anm. d. Übers.: Die Varianten und Hinzufügungen, die praktisch synonym zum gedruckten Text sind, wurden nicht in die Übersetzung aufgenommen, z. B. «sie» anstelle von «die Frau» oder «Morise, ist das Ihre Meinung?» anstelle von «Ist das Morises Meinung?». Für einen vollständigen Apparat kann auf die französische Ausgabe zurückgegriffen werden. Es ist zu beachten, daß die Übersetzung anhand der französischen Ausgabe mit dem Druckdatum Februar 1991 angefertigt wurde, die sich an einigen Stellen wesentlich von der am 19.10.1990 gedruckten Ausgabe unterscheidet, da schwer leserliche Passagen in den Manuskripten besser entschlüsselt werden konnten.

2 Gestrichen: [(Lachen) Warum fragen Sie mich als ersten? (Er liest die Frage noch einmal vor)]

3 Gestrichen: [Ich würde gern etwas dazu sagen.]

4 [André Breton: Ich protestiere mit äußerster Heftigkeit. (Dann schließen sich Péret [und] Unik an.]

5 [Um ein Beispiel zu geben: Ich würde M. [M.] Max Jacob und J. Cocteau anführen.]

6 [Jean]. Übers.: Jean Lorrain, Pseudonym für Paul Duval (1856–1906), Schriftsteller und literarischer Journalist, der sich öffentlich zu seiner Homosexualität bekannte.

7 Gestrichen: [Die Bücher Prousts zum Beispiel sind für mich dagegen ein typischer Ausdruck dieses Mangels.]

8 [Ich dachte vieles darüber]

9 Gestrichen: [Ich halte es sogar für möglich, daß sie nicht praktiziert werden kann.]

10 [(Heftig.) Das hat überhaupt nichts mit Homosexualität zu tun!]

11 Nach dem *Petit Larousse illustré*, 1980, ist ein «Inkubus» ein «männlicher Dämon, der die Frauen im Schlaf mißbraucht», ein «Sukkubus» ein «weiblicher Dämon, der der Überlieferung zufolge die Männer im

Schlaf verführt». Es wird von beiden noch bei anderen Treffen der *Untersuchungen zur Sexualität* die Rede sein. Außerdem enthält die Nr. 6 (1. März 1926) von *La Révolution surréaliste* einen Text von Louis Aragon mit dem Titel «Eintreten der Sukkuben».

12 [Welcher Art ist der Unterschied, den Sie zwischen dem Bild einer Frau beim Sukkubus und dem Bild einer Frau machen]

13 [von zwei Männern, die in einem Bett masturbieren und sich lecken, ohne ineinander einzudringen].

14 [Allgemeine Zustimmung]

15 [sich im voraus zu verständigen]

16 Gestrichen: [André Breton: Weil das vulgär wäre. Benjamin Péret: Ich protestiere.]

17 [Ich habe davon eine literarische Vorstellung]. Übers.: Simon-Théodore Jouffroy (1796–1843), spiritualistischer Philosoph, lehrte an der Ecole Normale Supérieure und der Sorbonne.

18 [Der Mann und die Frau auf der Seite liegend, die Beine ineinander verschränkt, die Frau auf dem Mann sitzend, Analverkehr, 69]

19 Anm. d. Übers.: Es gibt kein adäquates deutsches Wort für die in Frankreich sehr häufig anzutreffenden *squares*. Es handelt sich dabei um kleine öffentliche Grünanlagen, die meistens eingezäunt sind und sich in der Mitte eines Platzes befinden. In Paris gibt es sie in großer Zahl, oft nur ein paar Schritte entfernt vom Treiben der Boulevards.

20 [Ja, ich habe eine große Vorliebe für Frauenbeine und -füße. Raymond Queneau: Für Objekte? Benjamin Péret: Nein, nicht besonders.]

21 [das hat mir nichts Neues gebracht]

22 [Das ist nicht mal genug, man könnte noch mehr sein.] Gestrichen: [André Breton: Das ist Kollektivismus!]

23 [Positive Bedingungen sehe ich keine.]

24 Anm. d. Übers.: Es gibt keine deutsche Entsprechung zu einer *frôleuse* oder *frôlement* in dem hier verwendeten Sinne. Das Verb *frôler* bedeutet so viel wie «leicht berühren», «streifen». Ein *frôleur* ist ein Mann, der manisch darauf aus ist, Frauen zu berühren, eine *frôleuse* meint dagegen sehr oft einfach eine Verführerin. Im *Lexique succinct de l'érotisme*, das sich im Katalog zur internationalen Surrealismusausstellung im Jahre 1959 befindet, finden wir eine genauere Definition: «Frôleuse. – Spezialistin für aufreizende Manöver mittels verhüllter Berührungen, die sie als mehr oder weniger unabsichtlich ausgibt.» José Pierre zufolge wurde diese Technik wahrscheinlich von Straßenprostituierten angewendet.

25 [Mich bringt das zum Lachen]

26 Gestrichen: [Pierre Unik: Ich hatte nicht verstanden, was Sie unter Frôleuse verstanden. Ich ziehe meine Antwort zurück. Ich kann eine Frôleuse nicht lieben.]

27 [Raymond Queneau: Im Gegenteil.]

28 Man muß dabei nicht reden, um es zu machen.

29 Gestrichen: [Raymond Queneau: Völlig abscheulich.]

Zweites Gespräch

1 «Zweiter Abend». Der Text dieses zweiten Treffens wurde ebenfalls in der Nr. 11 (15. März 1928) der *Révolution surréaliste*, S. 36–40 veröffentlicht. Es gelten dieselben Bemerkungen wie zum ersten Gespräch.

2 [Von mir zu 75 %, von der Frau zu 25 % herbeigeführt. Was die Beschränkungen angeht, die wir uns auferlegen, um zur Gleichzeitigkeit zu gelangen, so werden davon 75 % durch mich herbeigeführt.]

3 [André Breton: Sehr wünschenswert?
Marcel Duhamel: Ja. Ein sehr wichtiger Faktor liegt für mich in der Gewöhnung. Das erste Mal, wenn man mit einer Frau schläft, ist das sehr wünschenswert, aber sehr schwierig.
Louis Aragon: Wir sollten sehr schnell auf die gestellten Fragen antworten.]

4 [Jacques-A. Boiffard: 50 %
André Breton: 50 % unter Zuhilfenahme künstlicher Mittel?
Jacques-A. Boiffard: Ja.
André Breton: Ohne Verwendung dieser Mittel?
Jacques-A. Boiffard: Sehr selten. Die Zahlen sagen überhaupt nichts aus. Das ist von Tag zu Tag unterschiedlich wünschenswert, manchmal auch überhaupt nicht.]

5 [Pierre Unik: Breton sagte vorhin: das ist eine moralische Frage. In welcher Hinsicht? André Breton: In Hinsicht auf die verwendeten Mittel. Diese Mittel gehören zur Libertinage.]

6 [André Breton: Aus welchem Grund?
Georges Sadoul: Eher aus Gründen des Vokabulars.]

7 [oder 85 %]

8 [André Breton: Also a fortiori, wenn die Komödie gut gespielt ist.]

9 [Alle anderen: Ja.]

10 [Das wären für mich pathologische Fälle.] Man muß diesen schwerwiegenden Widerspruch zwischen dem Manuskript (das aber von Bretons Hand ausgebessert wurde) und dem Text in *La Révolution surréaliste* hervorheben. Da der Autor, soweit ich weiß, in dieser Hinsicht nichts dementiert hat, muß die gedruckte Version für die richtige gehalten werden. (José Pierre)

11 [Allgemeine Zustimmung mit Ausnahme von Breton, Baron, Duhamel und Péret, die protestieren.]

12 [Louis Aragon: Möchte jemand zu diesem Thema etwas sagen?]

13 [hat niemand zu diesem Thema eine Meinung?]

14 [Benjamin Péret: Aragon?]

15 [auf jede beliebige Art, und]

16 [Ich bin weder das eine noch das andere.]

17 Gestrichen: [außer in dem Fall, wo sie in den Dienst einer sehr hohen Idee von der Liebe gestellt wird]

18 Die Auslassungen hier sind auch im Manuskript.

Drittes Gespräch

1 Gestrichen: [Marcel Noll. Selbe Frage, Breton.
André Breton: Natürlich würde ich mich um nichts in der Welt in diesem Aufzug zeigen.
2 Gestrichen: [Ich bin dem auf jeden Fall ganz und gar zugeneigt.]
3 Gestrichen: [Wenn die Frau dazu Lust hat.]
4 Es folgt eine ziemlich lange Passage – wahrscheinlich eine Erwiderung von Péret – die besonders gut ausgestrichen ist.
5 Gestrichen: [Louis Aragon: Möchtest du uns sagen, wo diese Intuition herkommt?]
6 Hier handgeschriebene Anmerkung von André Breton, mit vorausgehendem Stern (*): «Punctumcoecum (circonf. et centre) (Kreisumf. und Mittelpunkt).»
7 Auf diese Auslassungszeichen folgt ein wahres Gestrüpp von Ausstreichungen.

Viertes Gespräch

1 Wie José Pierre an dieser Stelle in seiner Fußnote in der französischen Ausgabe betont, muß der Leser einiges über Jean Genbach (dessen wirklicher Name Ernest de Gengenbach war) wissen, um dieses Treffen zu verstehen. In seiner *Geschichte des Surrealismus* (Reinbek bei Hamburg: Rowohlt 1992) liefert Maurice Nadeau eine Zusammenfassung von Genbachs seltsamer Karriere:
«Er ist Pater bei den Jesuiten in Paris, verliebt sich in eine Schauspielerin vom Odéon, zeigt sich mit ihr in Restaurants und Tanzlokalen. Seine Oberen weisen ihn aus dem Orden. Seine Geliebte verläßt ihn. Er bedeutete ihr nur etwas, solange er die Soutane trug. Zufällig kommt ihm eine Nummer der *Révolution surréaliste* in die Hände, gerade als er mit sich rang, ob er sich nicht umbringen sollte. Er ertränkt sich also nicht im See von Gérardmer, wohin er sich eigens zurückgezogen hatte, um das finstere Vorhaben auszuführen, sondern nimmt Verbindung mit Breton und seinen Freunden auf. Er verkehrt nun wieder im *Dôme*, in der *Rotonde*, eine Nelke in einem der Knopflöcher der Soutane, die er aus Trotz und, um den Leuten das Maul aufzureißen, wieder trägt, eine Frau auf dem Schoß. Die Biedermänner regen sich auf, stellen ihn zur Rede, rempeln ihn an. Aber das macht ihm gerade Spaß, er hatte es doch nur darauf angelegt, seine Tugendbolde zu schockieren. Sein Leben hat drei zyklisch wiederkehrende Gesichter; eine Zeitlang treibt er sich in anrüchigen Lokalen herum, eine Zeitlang pflegt er der Ruhe im Hause einer russischen Künstlerin in Cla-

mart, dann wieder zieht er sich zu Exerzitien in die Benediktinerabtei Solesmes bei Le Mans zurück. Jene, die gewähnt hatten, der verlorene Sohn kehre doch wieder in den Schoß der alleinseligmachenden Kirche zurück, belehrt Gengenbach in einem Brief an Breton eines Besseren:
‹Ich pflege mich mehrmals jährlich bei den Mönchen zu erholen und wieder auf den Damm zu bringen ... In Surrealistenkreisen kennt man ja meine Manie, öfter plötzlich zu verschwinden und in Klöster auszureißen ... Den Priesterrock trage ich derzeit nur aus einer Kaprice heraus und auch, weil mein anderer Anzug zerrissen ist ... Das geistliche Gewand macht es mir übrigens leichter, mit Amerikanerinnen, die mich nachts in den Bois [de Boulogne] schleppen, sadistische Spiele zu mimen ... Ich habe *keine Lösung*, keinen Ausweg, keine erträgliche Weise, im Alltagsleben weiterzumachen, gefunden. Ich habe bloß noch meinen Glauben an Christus, Zigaretten und die paar Jazzplatten, auf die ich verrückt bin – Tea for two, Yearning – vor allem aber den Surrealismus.›
Mit diesem merkwürdigen Burschen nimmt es aber doch ein schlimmes Ende. Zunächst sucht er Christentum und Surrealismus unter einen Hut zu bringen, schreibt Bücher wie *Judas ou le Vampire surréaliste*, 1930, und *Satan en Espagne*. Doch dann sieht er plötzlich in Breton eine neue Fleischwerdung Luzifers und verschreit die Surrealisten als ‹ihres Zustands voll bewußte, von Dämonen Besessene oder menschgewordene Dämonen›. ‹Schade, daß es heute keine Teufelsaustreibungen wie im Mittelalter mehr geben darf›, geifert er. Er hoffe aber, daß ‹Leid, Leiden, Schicksalsschlage und tragische Konflikte diese von der Hölle ausgesandten Conquistadoren noch so mürbe machten, daß sie eines Tages vor dem Kreuz des Heilands niederfielen›. Leider ‹wird keinerlei theologische Beweisführung einen Surrealisten überzeugen; nur die Liebe einer Heiligen vermöchte einen Surrealisten, falls er leidenschaftlich begehrt, zu wandeln›.» (Übers. Karl-Heinz Laier)

2 Wir haben den Satz des Manuskripts aus grammatikalischen Gründen etwas verändern müssen.

3 Auslassungszeichen im Manuskript.

4 Auslassungszeichen im Manuskript.

5 Hinzufügung durch den Herausgeber, um den logischen Sinn des Satzes herzustellen.

6 Das Manuskript gibt uns keine weitere Auskunft zu diesem Thema.

7 Gestrichen: [Pierre Unik: Es scheint mir nur in der Keuschheit moralische Hoffnung zu geben.]

8 Anm. d. Übers.: Breton bezieht sich auf die Erzählung «Le rideau cramoisi» aus Barbey d'Aurevillys «Les Diaboliques» (1874). Ein Offizier wird bei einem Aufenthalt in einem Landhaus von einer geheimnisvollen jungen Frau verführt. Nach einer außergewöhnlich stürmischen Nacht mit ihr entdeckt er, daß er mit einer Leiche geschlafen hat.

Fünftes Gespräch

1 Eine nicht identifizierte und mit dieser Initiale bezeichnete Person (vielleicht Max Morise), die sich nur ein einziges Mal äußert, nahm ebenfalls an diesem Treffen teil.
2 Im Manuskript unvollständiger Satz. Vielleicht schlägt Breton auf scherzhafte Weise vor, daß man unter dieser Bedingung Unik das Rederecht, das man ihm einige Augenblicke vorher entzogen hatte, wieder erteilt.
3 Georges Carpentier, zu dieser Zeit berühmter französischer Boxer.
4 Auslassungen im Manuskript.
5 Es ist nicht möglich, diesen Freund zu identifizieren.
6 Fragezeichen im Manuskript.
7 Anm. d. Übers.: Hier erscheint es aus dem Sinnzusammenhang wahrscheinlicher, daß der Text in der ersten Ausgabe der richtige ist.
8 Gestrichen: [Raymond Queneau: In diesem Fall handelt es sich nicht um das Leben. Marcel Noll: Der Surrealismus ist nie etwas anderes gewesen als ein Lebenssinn.]
9 Prévert meint, daß er mit Queneau einer Meinung ist.
10 Gestrichen: [Dada kannst du dir in den Arsch stecken.]
11 Gestrichen: [Großer Abscheu.]

Sechstes Gespräch

1 Vielleicht müßte es hier «physiologisch» heißen. Aber im Manuskript heißt es eindeutig «psychologisch».
2 Gestrichen: [Ich protestiere heftig gegen diese Antwort.]

Siebtes Gespräch

1 Die Teilnahme von Boiffard ist ungewiß. In der Liste der Teilnehmer scheint ein «Bo» nur ihn zu bezeichnen. Aber in der Diskussion ist der einzige Beitrag dieses «Bo» völlig ausgestrichen. Wir wissen, daß Boiffard mit Bataille zusammen ab Dezember 1929 ein sehr aktiver Mitarbeiter der *Documents* war.
Anm. d. Übers.: Die Zeitschrift *Documents*, die 15 Nummern lang erschien, war ein Forum für eine Reihe ehemaliger Surrealisten, u. a. Robert Desnos, Michel Leiris, André Masson und Roger Vitrac. André Bretons *Zweites surrealistisches Manifest* war zum Teil als Antwort auf die von Bataille in *Documents* entwickelten Positionen zu verstehen.

2 Ihre Antwort zur Frage des «Besitzes» macht es sehr wahrscheinlich, daß Y. eine Frau ist.
3 In seiner Autobiographie *Raconte pas ta vie* gibt Marcel Duhamel getreu – aus dem Gedächtnis – die zoophilische Erfahrung wieder, von der Baldensperger erzählt.
4 Gestrichen: [Bo: Diese sexuellen Scherze bringen mich ziemlich oft zum Lachen, weil sie wahrscheinlich Dingen entsprechen, die ich verdrängt habe, aber mit einem Gefühl von Verlegenheit.]
5 Anm. d. Übers.: Im Französischen heißt *ânesse* Eselin.

Achtes Gespräch

1 Gestrichen: [Sind diese Bilder an Kindheitserinnerungen geknüpft?]
2 Im Manuskript: «Präzisieren Sie.»
3 Im Manuskript ist das Wort «empêchement» schwer lesbar.

Neuntes Gespräch

1 Hypothetische Anwesenheit von Bauer, der sich nur ein einziges Mal äußert.
2 Das Manuskript gibt nicht an, wer die Frage stellt.
3 Es handelt sich natürlich um Gala, die seit einem Jahr mit Salvador Dali lebt.
4 Nichts weist darauf hin, was diese Reihe von Vokalen bedeuten könnte. Anm. d. Übers.: Es ist anzunehmen, daß es sich um einen Ausruf handelt, den man im Deutschen etwa mit «Ah! Oh! I!» wiedergeben würde.

Zehntes Gespräch

1 Sic.
2 Das Das Wort «correspondant» ist im Manuskript abgekürzt und schwer leserlich.
3 Gestrichen: [Die Liebe neigt dazu, eine Liebe auf den ersten Blick zu bleiben. Du stellst die Liebe unter das Begehren.]

Elftes Gespräch

1 Anm. d. Übers.: Giorgio Baffo, venezianischer Adliger (1694–1768), Apollinaire zufolge der «priapeistischste Dichter, der je existiert hat», in neuerer Zeit vor allem von André Pieyre gepriesen.

2 Breton fügt nacheinander im Manuskript hinzu, zuerst: «(Das stimmt nicht) (2. Lektüre)», dann: «Das ist völlig falsch, 3. Lektüre, aber ich würde gern.»

3 Anm. d. Übers.: Georges Courteline (1861–1929), Dichter, schrieb humoristische Erzählungen, Sketche und Komödien. Es ist anzunehmen, daß Pierre Unik hier nicht auf einen wirklichen Ausspruch Courtelines Bezug nimmt, sondern sich seinerseits über Paul Eluard lustig macht, nachdem André Breton zuvor Uniks Satz «Das Ohr ist für die Zunge, nicht für den Schwanz gemacht» wegen seiner Sentenzenhaftigkeit mit «Siehe Molière» quittiert hatte.

Zwölftes Gespräch

1 Gestrichen: «Der Arsch.»

2 Nichts erhellt diese ziemlich hermetische Formel des Manuskripts.

Nachwort

1 Maurice Nadeau, Geschichte des Surrealismus. Aus dem Französischen von Karl Heinz Laier, Reinbek b. Hamburg 1986 (^{2}1992), S. 123.

2 Louis Aragon, «Introduction à 1930», *La révolution surréaliste*, Nr. 12, 15. Dez. 1929, S. 62.

3 Ebd.

4 Solche «Erhebungen» und Befragungen waren damals beliebt, und viele Zeitungen, sowohl progressive als auch konservative, führten sie über verschiedene Themen durch. Im Gegensatz zu den surrealistischen «Recherchen», die sich auf den mehr oder weniger geschlossenen Kreis der Surrealisten selbst beschränkten, fand die «Enquête» von 1929 weite Verbreitung. Reaktionen von *Commoedia*, *Paris-Midi* und sogar einige höhnische Kommentare der reaktionären *Action française* wurden in *La révolution surréaliste* ebenso veröffentlicht wie die Antworten der Surrealisten selbst und von so prominenten Persönlichkeiten wie Roch Grey. Die Antworten umfaßten ein breites Meinungsspektrum. Das war durchaus beabsichtigt und gehört zur dialektischen Beziehung zwischen den

«Recherchen» und der «Enquête». Während die «Recherchen» keine Definition von Liebe und/oder Sexualität als gegeben hinnahmen, schien die «Enquête» von der Position eines absoluten Glaubens an die Liebe auszugehen und schloß Fragen daran an, die diese im Verhältnis zu gesellschaftlichen und politischen Aspekten problematisierten.

5 André Breton, Die Manifeste des Surrealismus. Aus dem Französischen von Ruth Henry, Reinbek b. Hamburg 1986, S. 15f.

6 André Breton, *L'un dans l'autre*, Paris 1970, S. 7.

7 *Nadja* ist die Chronik von Bretons Freundschaft mit einer Frau, deren zerbrechliches Verhältnis zur Realität eine der Hauptursachen ihrer Faszination für ihn ausmachte; das Geheimnis ihrer Beziehung war nicht die magische Wechselseitigkeit der Liebe, sondern wiederholte zufällige Begegnungen und Übereinstimmungen, die mehr mit den Erfahrungen der Straßen von Paris zu tun hatten als mit jenen des Körpers. Nadja verliert schließlich den Verstand und wird in eine Anstalt gesperrt; dies veranlaßt Breton zu einem scharfen Angriff auf das System der Irrenanstalten.

8 Walter Benjamin, Der Sürrealismus. Die letzte Momentaufnahme der europäischen Intelligenz, in: Gesammelte Schriften, Werkausgabe Band 4, Frankfurt 1980, S. 307.

9 Breton, *Manifeste.*

10 Benjamin, Der Sürrealismus, S. 297.

11 André Breton, Manifeste, S. 58f.

12 In *Le surréalisme au service de la révolution*, Nr. 4, 1931.

13 Whitney Chadwick zitiert den folgenden Abschnitt aus «The Water Stone of the Wise» von dem englischen surrealistischen Maler Ithell Colquhoun, worin der Ödipusmythos aufgrund seiner Inkarnation des Geschlechterunterschiedes abgelehnt wird: «Ödipus wird nicht länger König sein, sondern nach Colonus zurückkehren. Der neue Mythos, der Mythos von den siamesischen Zwillingen, wird ihn zu einem vergessenen Schreckgespenst machen.» *Women Artists and the Surrealist Movement*, Thames and Hudson, London 1985, S. 105.

14 Sigmund Freud, Drei Abhandlungen zur Sexualtheorie, Frankfurt/M 1970, S. 98

15 *Freud on Women. A Reader*, Hrsg. Elisabeth Young-Bruehl, Norton, New York und London 1990, S. 45.

16 Aragon, «Introduction à 1930», S. 64.

17 Chadwick berichtet aus einem Interview mit Leonora Carrington die folgende köstliche Bemerkung: «In *l'amour passion* ist es der Geliebte, der andere, der den Schlüssel liefert. Die Frage ist nun: Wer kann dieser Geliebte sein? Das kann ein Mann sein oder ein Pferd oder eine andere Frau.» (*Women Artists*, S. 105). Solche Bemerkungen seitens der Frauen im Umkreis der surrealistischen Bewegung sind keine Seltenheit.

18 Guy Rosolato, «Le fétishisme», in Le désir et la perversion, zitiert von Xavière Gauthier, Surrealismus und Sexualität. Inszenierung der Weiblichkeit, Berlin 1980, S. 266/68.

19 Gauthier, Surrealismus, S. 249.

20 Susan Rubin Suleiman, *Subversive Intent: Gender, Politics and the Avant-Garde*, Harvard University Press, Cambridge 1990, S. 19.

21 In *L'Amour Fou: Photography and Surrealism*, Abbeville, New York 1985.

22 Siehe zum Beispiel Rudolf Kuenzli, «Surrealism and Misogyny», in *Surrealism and Women*, Hrsg. Mary Ann Caws, Rudolf Kuenzli und Gwen Raaberg, MIT Press, Cambridge (Mass.) 1991.

23 Georges Bataille, «Le langage des fleurs», *Documents*, Paris 1929. Siehe mein «Documents« in *Dada and Surrealism Reviewed*, Arts Council of Great Britain, London 1978.

24 Elisabeth Roudinesco, *Jacques Lacan and Co.*, University of Chicago Press 1990, S. 17. Die *Revue française de psychanalyse* erschien erstmals 1927.

25 Gauthier, Surrealismus.

26 Dies ist eine Standard-Wörterbuch-Definition, und ähnliche Begriffe werden für den (männlichen) Inkubus verwendet. Es ist jedoch interessant, daß der *Larousse du XXième siècle* den «Verkehr» zwischen Mensch und Sukkubus/Inkubus anders darstellt: der Sukkubus nimmt nach dieser Version weibliche Gestalt an, «um sich dem Mann hinzugeben», während der Inkubus «eine Art Dämon ist, der Frauen im Schlaf mißbraucht». Diese Passivierung des Sukkubus widerspricht den Vorstellungen der Surrealisten, denen der aktive Charakter des Sukkubus gefiel.

27 J.-K. Huysmans, Là-bas, Paris 1960; deutsch: Tief unten, Köln und Berlin 1963.

28 «Le ciquantenaire de l'hysterie», *R. S.* 11, S. 22. Es ist interessant, daß die erste Nummer der *Revue française de psychanalyse* für 1928, ihr zweites Erscheinungsjahr, die Übersetzung von Freuds berühmter Fallstudie der Hysterikerin «Dora» brachte, die (unvollständige) Analyse eines jungen Mädchens, deren homoerotische Gefühle für die Geliebte ihres Vaters die Wurzel ihrer Krankheit bildeten. Ob dieser Zeitpunkt der Veröffentlichung auch in Hommage für Charcot gewählt wurde, ist unklar.

29 Roudinesco, *Lacan*.

Anzeigen

Briefe und Dokumente

Gustave Flaubert/George Sand
Eine Freundschaft in Briefen
Aus dem Französischen von Annette Lallemand, Helmut Scheffel und Tobias Scheffel.
Herausgegeben und erläutert von Alphonse Jacobs
1992. 555 Seiten. Leinen

Albert Schweitzer – Helene Bresslau
Die Jahre vor Lambarene. Briefe 1902–1912
Herausgegeben von Rhena Schweitzer Miller und Gustav Woytt
1992. 406 Seiten mit 19 Abbildungen. Leinen

Brautbriefe Zelle 92
Dietrich Bonhoeffer–Maria von Wedemeyer 1943 – 1945
Herausgegeben von Ruth-Alice von Bismarck und Ulrich Kabitz
16. – 19. Tausend. 1993. XIV, 306 Seiten mit 28 Abbildungen und 2 Faksimiles im Text. Leinen

Heimito von Doderer
Die sibirische Klarheit
Texte aus der Gefangenschaft
Herausgegeben von Wendelin Schmidt-Dengler und Martin Loew-Cadonna
2. Auflage. 1992. 160 Seiten mit 8 Abbildungen. Leinen

Betty Scholem/Gershom Scholem
Mutter und Sohn im Briefwechsel 1917–1946
Herausgegeben von Itta Shedletzky in Verbindung mit Thomas Sparr
1989. 579 Seiten mit 13 Abbildungen und 6 Faksimiles
Leinen

Verlag C. H. Beck München